スポーツ選手のためのキャリアプランニング

ATHLETE'S GUIDE TO CAREER PLANNING

アルバート・プティパ
ディライト・シャンペーン
ジュディ・チャルトラン
スティーブン・デニッシュ
シェーン・マーフィー

訳/
田中ウルヴェ京
重野弘三郎

大修館書店

ATHLETE'S GUIDE TO CAREER PLANNING

by AL PETITPAS, DELIGHT CHAMPAGNE, JUDY CHARTRAND,
STEVEN DANISH, SHANE MURPHY

TAISHUKAN Publishing Co., Ltd., Tokyo, Japan 2005

訳者まえがき

「もしもメダルが取れたら、もう死んでもいい」

真剣にそう思ってソウルオリンピックにのぞんでいた。シンクロのために「なにかを犠牲にしてきた」と感じていたことも多かったし、メダルが取れるなら本当になにもいらなかった。

ソウルオリンピックで晴れて念願の銅メダル。至福のときだった。そして至福のときに現役を退くのは気分も良かった。「自分は大きな功績を果たしたのだ」と思ったら、なんともいえない幸福感と達成感に満ちあふれた。しかし、数ヶ月、数年と時が経つうち、ふと気づいた。

「これからの人生って、なんて長いんだろう」

現役を退いたのは二十一歳のとき。当時の自分にとっては、それこそ人生でもっとも大きな目標を達成したと思ってしまっていた私は、もうすでに、その時点で「人生」に疲れていたのかもしれない。オリンピックでのメダル。それは確かにすばらしい。けれどオリンピック自体は人生の通過点にすぎないこと。私にはそれが分かっていなかった。これから船出してゆく先に広がる「社会」は、想像以上に広く大きなものであったはずなのに、当時の自分はなんと視野が狭かったことか。スポーツしか知らない、まさに井の中の蛙だった私が考えられる未来は、つまらないものにしか思えなかった。

「もう死ねたらどんなにラクだろう」。

本音だった。

じつはこんな経験は、私だけのものではない。多かれ少なかれ、ひとつの競技に専心してきたスポーツ選手、そして(結果を残した)エリート選手であればあるほど、引退時に抱える心理問題が存在する。本書で共訳した重野弘三郎氏は元Jリーガーであるが、互いにまったく違う競技ではあるけれど、引退時に悩んだ者同士という点においては、非常に共通するものがある。そして悩む経緯のなかで、重野氏はスポーツ社会学を、私はスポーツ心理学を学んだ。学びは私たちを救った。生きる意味、世界の広さを、私たちは学問の場でようやく知ることができたのだと思う。

二〇〇一年にJリーグがキャリアサポートセンターを発足したときに出会って以来、重野氏とは意気投合。現在は、二人で立ち上げた「アスリートのためのキャリアトランジション勉強会」を毎月都内で主宰し、地道ではあるが定期的に会を行い、研究活動の柱としている。その勉強会でゲストとしてお話いただく元選手の方々のトランジション期の経験談は、選手、コーチだけでなく一般の方々にも聞いていただいている。

本書は、そういった実際の選手の経験談なども多く含まれた、欧米ではもっとも広く教科書として活用されている選手のためのキャリアプランニング本である。私自身は、アメリカ留学中にこの本と出会い救われた。キャリアプランニングというよりは、人生を自分らしく生きていくうえでもっとも大切な「自分の本当にしたいこと」「今の自分にできること」「今の社会で必要とされていること」という自分自身の生き方に必要な三つの柱を認識できたのは、この本のおかげであった。ぜひ多くの選手の皆様にも読んでいただければ幸いである。

最後に、内容のすばらしさを翻訳本でも反映させることに力を貸してくださった小中高時代の友人であり、プロの翻訳家であるラッセル秀子氏にこの場を借りて感謝を申し上げたい。そして最初から最後まで編集にご尽力いただいた大修館書店の松井貴之氏に感謝を、また共訳者であり、さまざまな活動をともに続けている研究パートナーの重野弘三郎氏に御礼を申し上げて前書きとさせていただく。

スポーツをこよなく愛し、日々限界に挑戦し続けている多くの選手の皆様にこの本を贈ります。

二〇〇五年八月吉日
田中ウルヴェ京

まえがき

　NBA†のオールスター常連選手であったチャールズ・バークレー†が、『フープ・ドリームス†』という映画について残した言葉に興味深い一節がある。

「こんなことを言うとみなさんは耳を疑うかもしれないが、子どもたち――とくに黒人の子どもたち――には、NBAでスターになる夢をあまり見すぎないでほしいと思っているのです。…中略…バスケットボール以外の、おそらくどんな道に進んでも成功するであろう才能や知性の持ち主であるにもかかわらず、バスケットボール以外の将来には見向きもしなかった人たちを僕はたくさん知っています。バスケの夢がかなわないと彼らが気づいたとき、他の道に進むにはもうなにもかもが遅すぎているのです…」

　このコメントは、世界中の数知れない少年たちが崇拝するスター選手のものとしては奇妙に思えるかもしれない。だが、この一節はスポーツ選手が直面する、ある

†NBA
National Basketball Association：全米プロバスケットボール協会の略。一九四六年に発足した世界最高峰のプロバスケットボールリーグで、選手の華麗なテクニックとスピーディーな試合展開が特徴。オールスター戦のメンバーはファン投票によって決まり、人気・実力ともに揃ったスター選手が選ばれる。(NBA公式サイト　http://www.nba.com/日本語公式サイト　http://www.nba.com/japan/)

†チャールズ・バークレー
Charles Barkley：最強のパワーフォワードと呼ばれた選手で、激しいプレーで有名。一九九二-九三シーズン(サンズ)にMVPを獲得した。

大きな課題を浮き彫りにしているといえよう。それは、スポーツ選手として活躍するには膨大な時間とエネルギーを費やして技術や技能を磨かなければならない、ということ。そして、そのために教育や他の活動に費やすあらゆる時間を犠牲にすると、いざ第二の人生を歩もうとするときにはすべてが手遅れになっている、ということである。

原著者は長年にわたって、高校や大学のスポーツ選手、オリンピックなどに参加するよりハイレベルなアマチュア選手、そしてプロ選手に対して、スポーツに関する支援活動†を行ってきた。チャールズ・バークレーが述べたように、彼らのうちでスポーツが必ずしも人生の中でプラスになったとは言えない選手も多かった。もちろんスポーツ選手として成功をおさめ、プロ選手として活躍した者もいたが、その誰もが引退後の人生に対しての心構えや新しいキャリア探しについては準備ができていなかった。

しかし一方で、スポーツだけでなく、その後の他の活動においても成功をおさめた選手も多いのである。彼らはスポーツ以外の分野にも自らの才能を見いだし、活躍の場を広げたのだ。我々が彼らから学んだことは計り知れない。本書は、彼らの例に学べるようにとまとめたものである。

本書の目的は、すべてのスポーツ選手がスポーツから最大の恩恵を受けられるよ

†『フープ・ドリームス』
『Hoop Dreams』一九九四年 米映画、監督スティーヴ・ジェームズ。「貧しい家庭環境で育った二人の黒人少年がバスケットボールの才能を認められ、奨学生として上流階級の白人が通う高校へ進学。二人はNBAを目指すが、そこには厳しい現実の数々が待っていた…。」スポーツをめぐるアメリカンドリームの真の姿を追ったドキュメンタリーとして異例の大ヒットを記録。その年のドキュメンタリー部門で映画賞を総なめにした。

†支援活動
スポーツ心理学を元に、あらゆるジャンルのスポーツ選手に対して教育的支援活動（キャリアサポートプログラム：CAPA）を展開。現役中からのキャリアプランニング指導やメンタル面でのサポート、引退後の選手の生活面、精神面、就職面などの

うにすることである。スポーツは諸刃の剣だ。自分自身や他人について学ぶ優れた手立てとなる一方で、極端に専念した場合は生活すべてを支配し、他の活動への準備を阻むことにもなる。

本書を通して、選手生活の各段階でスポーツ以外の活動をどのように準備すればよいかについて理解を深めることができる。高校に入学するのであれ、プロスポーツ界から引退するのであれ、その際なにを予測しておくべきか、そしてなにを学べばよいか。それらについてのヒントが得られるだろう。

そして要所には、原著者が何年も活動をともにした選手たちの実例を記した。エピソードはいずれも事実に基づいたもので、どの例もスポーツ選手の人生とそのトランジションについて具体的に描いており、参考になるだろう。また、スポーツ選手はただ頭で考えるだけでなく実際に行動することで新しいスキルや戦略を学ぶタイプが多いため、本書ではワークシートを用意した。自ら書くという作業を行うことで、より理解を深められるだろう。

本書は十の章で構成され、将来の進路決定やキャリアに向けて、効果的な計画を立てるためのスキルを学べる仕組みになっている。

まず序章では、本書で学ぶキャリアプランについて大まかに解説する。

第１章〜第４章では、スポーツ選手として直面するであろうトランジションにつ

支援を行う。米国オリンピック委員会や全米女子プロゴルフ協会、ＮＣＡＡのアスリート向けプログラム事業などに携わる。

いてまとめている。第1章では、トランジションの種類や選手たちの反応、周りのサポート、将来起こり得るトランジションへの心構えなど、トランジションそのものについて解説している。第2章から第4章では、高校、大学、一流・プロレベルのスポーツ選手が直面する課題について説明している。

第5章～第7章では、自己、そしてキャリアの世界について学び、目標を達成するために必要なスキルについてまとめている。第5章では、自分の持っている価値観、ニーズ、興味の対象、スキルについて学ぶための練習問題を紹介している。この練習問題を行うことで、「自分とはどういう人間なのか」「自分は一体なにを求めているのか」といった自己発見につながり、人生においての優先事項を見極める手助けにもなるだろう。第6章では、自分にもっともマッチするキャリアを選択する方法について解説している。第7章では、自分が希望するキャリア獲得に対しての「アクションプラン（行動計画）」の立て方を紹介している。

第8章では、キャリア探しのプロセスについて理解を深め、希望する職業に就くために必要なスキルとツールについて解説している。今日めまぐるしく変化を続ける社会において、どのようにキャリア探しをするか、その戦略についても紹介する。そして終章で、本書で学んだことを改めて確認する。

さらに「あとがきにかえて」では、本書の訳者で、日本におけるアスリートのためのキャリア・トランジションの実践者であり、日本オリンピック委員会でプログラム開発を行っている田中ウルヴェ京と、社団法人日本プロサッカーリーグ（Jリーグ）で選手のキャリアサポートに関わっている重野弘三郎による対談を掲載している。原著では紹介しきれなかった日本におけるスポーツ選手のキャリアプランニングの現状と、読者である高校生や大学生、社会人としてプレーしている現役選手、そしてアマ・プロで活躍してきたであろう多くのスポーツ選手に対して、元オリンピック選手として、また元Jリーガーとしての立場から伝えたいことを記した。

本書を読むことで、また、本書の練習問題に取り組むことで、読者のみなさんがこれから直面するさまざまな種類のトランジションについて、また自分の将来における意志決定やキャリア計画に対して、より一層の理解が深まり、それによって自分が本当に望むキャリアを見つけることが可能になることを望んでいる。

スポーツ選手のためのキャリアプランニング

目次

第4章 プロ選手・一流選手のトランジション …… 118

序章　キャリアプランとライフプラン

いろいろな意味で、スポーツはあなたの最初のキャリアだといえるだろう。「スポーツが最初のキャリアとはどういうことだろう。スポーツは好きだからやっているのであって、仕事ではない」と思われる読者もいるのではないだろうか。だが、楽しんで仕事をしている人は多い。それは、自分の興味の対象、価値観、スキルに合った仕事に就いた人たちである。そしてその一方で、仕事に不満だらけだが、収入が必要という理由だけで仕事をしている人たちもいる。もちろん収入は大切だが、スポーツと同じように仕事を楽しくするためには、お金以上のものにも楽しみや目的を見いだすべきだろう。

自分にとって完璧な仕事に偶然にも出会えた幸運な人もいる。しかし、好きな仕事を見つけるのは、運だけとは限らないのである。本書では、自分にぴったりの仕事を見つけるために必要なスキルを紹介する。本書を読み進め、各章の練習問題に取り組むにつれ、満足のできるキャリアを見極める新しいスキルが身につくことだろう。

キャリアプラン――自分に向いた仕事を積極的に探すこと――に魔法はない。他の決定をするときと同じプロセスを踏めばよいのである。まず最初に行うべきことは、「適切な情報を集めること」である。キャリアプランには三つのプロセスがあり、それぞれにおいて適切な情報を必要とするのである。

まず第一に、自分についての情報である。自分はなにを求めているのか、なにが好きか、なにに興味があるのか、自分の長所・スキルはなにか、どんな性格なのか。これらについて考える第一のプロセスを「自己探求」と呼ぶ。

第二のプロセスは自分の選択肢を考えることである。どんな仕事が自分の長所やニーズ、関心、スキル、性格に合っているだろうか、そしてその仕事では働き手を探しているだろうか、その仕事に就くためにはトレーニングや教育などを受ける必要があるだろうか。このプロセスを「キャリア探求」と呼ぶ。

これらのプロセスを終えて、自分がなにをしたいかを見極めた後、自分が選択した分野の仕事に就く具体的な方法を考えなければならない。仕事をどうやって探すのか、面接の受け方はどうすればよいのか、履歴書はどのように書けばよいのか。この第三のプロセスを「キャリア獲得」と呼ぶ。

よい仕事を選択するのに必要なこれらの情報を集めることによって、キャリアプランの第一段階を終えたことになる。以上のプロセスを示すと図1のようになる。

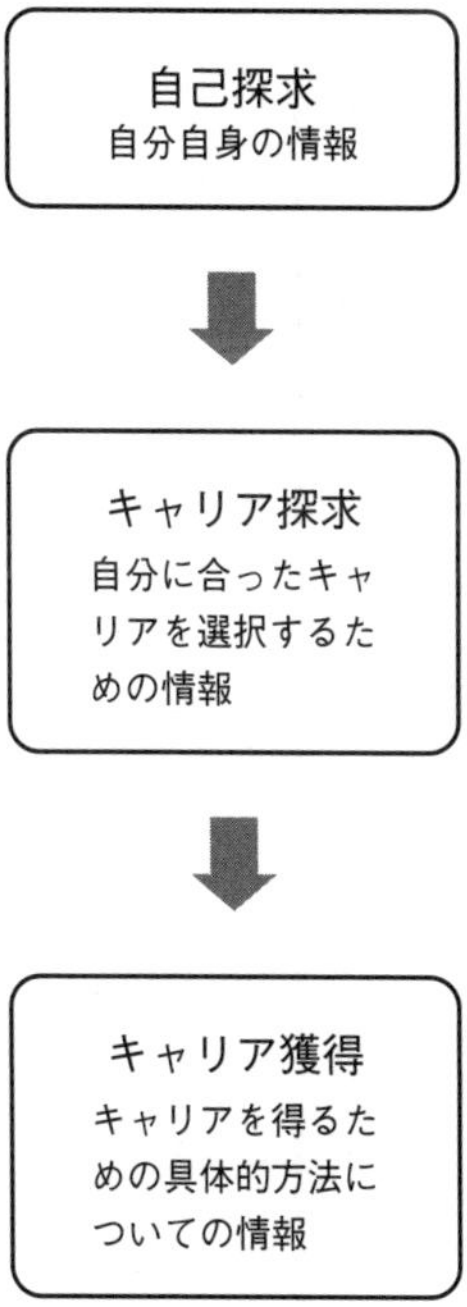

図1　キャリアプランの第一段階

成功する意志決定（ディシジョン・メイキング）

キャリアプランは、自分で意志決定をしていく過程を通して組み立てられる。適切な情報があれば、よい決定をする手助けになる。しかし、十分な情報を得た上で仕事探しをする人は、残念ながら多いとは言えない。たとえば、高校で歴史が好きだったから大学で歴史を専攻するとか、母親が会計士だったから会計士になりたいというような例である。もちろん、結果的に成功することもあるが、自分のニーズや選択し得る他の可能性を十分検討しないと、不満が残る仕事に就いてしまう可能性もある。

十分な情報がないままに、人生やキャリアに関して重要な決定をしてしまう人は多い。たとえば、ここ数年の買い物の中で、買ってからすぐに後悔したものはなかっただろうか。十分情報を集めていれば、よい決定を下すことができ、長期的な満足感も高くなったかもしれない。キャリア探しも同様である。情報を十分に集めていれば、満足のいく決定につながるのである。

ここで、自己探求やキャリア探求をじっくり行わなかったあるアイスホッケーの選手の例を見てみよう。

ガイの場合

ガイは全米大学レベルの賞を二度受賞したアイスホッケー選手であった。NHL† のドラフトで選ばれ、トップレベルのファームチーム† に入団した。プロリーグの最

†NHL
National Hockey League：北米プロアイスホッケーリーグの略。一九一七年に北米で設立されたアイスホッケーのプロリーグ。NFL、NBA、MLBと並び、アメリカ四大スポーツの一つに数えられる。アイスホッケーが国技であるカナダの選手を中心に、旧ソ連、欧州諸国からも選手が集まり、そのパワー、スピード、テクニックはいずれも世界最高レベルといわれる。（NHL公式サイト http://www.nhl.com/）

†ファームチーム
いわゆる二軍のこと。本来ファームとは農場、農園のことをいうが、一軍に向けて「養成するところ」を意味する。

初の一年は大成功に終わり、いざレベルアップというときに突然けがにみまわれ、アイスホッケーをやめざるを得なくなった。何度もカムバックを試みたが、けがの影響でスピードとカッティングの技術が衰え、以前のようなプレーができなくなっていた。二年間努力したが、契約が更新されなかった時点で、プロフェッショナル・スポーツからの引退以外に道はないことを自覚したのだった。

いつか引退しなければならないとわかっていたが、まさか二十六歳でとは予想もしていなかった。幸いオフシーズンに大学で講義を受け、社会科学の学位で大学卒業のために必要な単位を取得してはいたが…。

生まれて初めて、ガイはどうすればいいかと途方に暮れた。高校のコーチ職にいくつか応募したが、それだけでは生活できないことに気がついた。教職も考えたが、教育実習の経験はなく、教職免許も持っていなかった。ガイは心の中の羅針盤を失ったような感覚に陥った。

その後、ある友人の勧めで選手時代に知り合った地元の政治家を頼ることになった。気は進まなかったが思い切って訪ねた結果、養育権係争中の家族を担当するソーシャルワーカーとしての仕事を得ることができた。離婚調停中の夫婦とその子どもに対して面接を行い、離婚後の子どもの養育権について裁判所に推薦するという仕事だった。

仕事としてはまあまあだったが、いつも自分が悪者のように思われるのが嫌だった。夫婦どちらを推薦しても、当事者からは家族をバラバラにする敵だとみなされるのである。派手なプレーでファンの多かった選手時代とは大違いだった。人に好かれているという意識が自分にとってどれほど重要なことだったのか、このときまでガイは気がついていなかった。ストレスと嫌な気分に耐えられず、結局三カ月でこの仕事を辞めたのだった。

その後も友人の紹介でいくつかの仕事に就いたが、どれも数カ月と続かなかった。スターから無職という生活の変化はあまりにも激しすぎた。二十八歳になった今、ガイは自分がなにもできないダメ人間だと考えている。

ガイは適切な情報のないまま、人生の一大事を決めようとしたといえる。彼は自分の価値観やニーズ、関心やスキルについてなにも把握していなかった。それでも運よくうまくいく場合もあるが、大抵そうはいかない。自己探求やキャリア探求をする代わりにガイが選んだ方法は、まるでどんな釣り餌が必要か、あるいはどんな魚がいるかさえ考えずに海に釣り針を投げ入れ、大物がかかるのを待つようなものだ。このままではおそらく、ガイは正しいキャリアを見つけられないままだろう。

そしてガイの例は、スポーツのキャリアは比較的若くして終わる、というスポーツ選手の多くに見られる真実を表してもいる。米国にあるプロリーグの野球、バスケットボール、アメリカンフットボール、アイスホッケーの選手で三十五歳以上になっても現役でプレーしている選手は珍しい。†女性の場合はプロの道が限られているため、平均引退年齢はさらに低いだろう。ガイはいつかアイスホッケーから引退することを予測していたが、二十代半ばで終わるとは考えもしなかった。スポーツ以外のことを始めるのはまだ遠い先のことだと思っていたので、まったく計画を立てていなかったのだ。

　つまり、自己探求やキャリア探求、そして適切なキャリアを見つけるためのスキルは、早い時期から学ぶことが必要なのである。さらに重要なことは、必ず訪れるであろう将来のトランジションやキャリアの変化に対して、十分に備えておくことである。

　スポーツ選手は誰でもトランジションを経験する。高校から大学、ジュニアからシニアレベルなどへは、通常のトランジションだ。また、けがのためにスポーツを断念せざるを得なくなったガイのように、予測不能なトランジションも経験するだろう。キャリアプランを効果的に立てるには、通常のトランジションを予測すると同時に、予測不可能なトランジションに対応するスキルを備え、準備しておくことが必要なのである。この点を加えると、キャリアプラン過程は図2のようになる。

　適切な情報を備え、予測可能・不可能なトランジションに対して心構えができた

†女性のプロ選手契約期間
女子の場合、バスケットボール、サッカーにおいて多数のプロ契約選手が存在するものの、複数年契約を結べる選手はほとんどいない。ちなみに、二〇〇四年に三十二歳で引退したアメリカ女子代表サッカーチームのスーパースター、ミア・ハム(Mia Hamm)は十八年のキャリアを積み上げた数少ない選手の例。

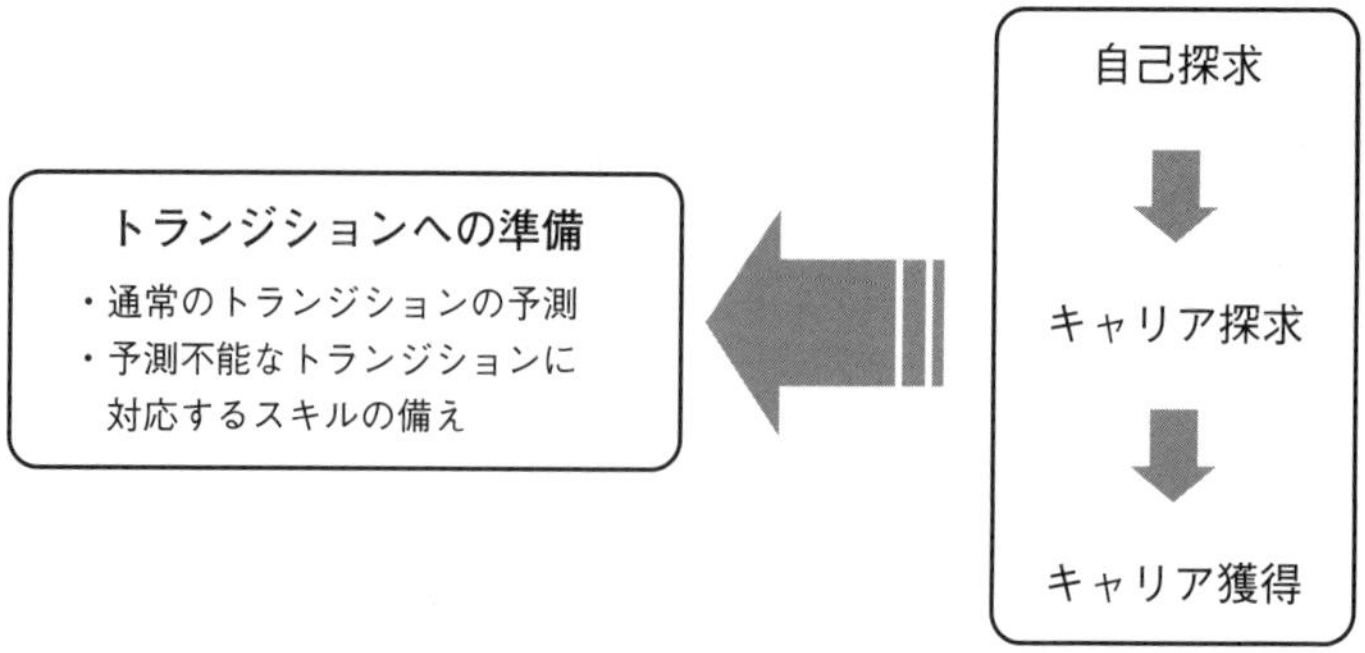

図2　キャリアプランの第一と第二段階

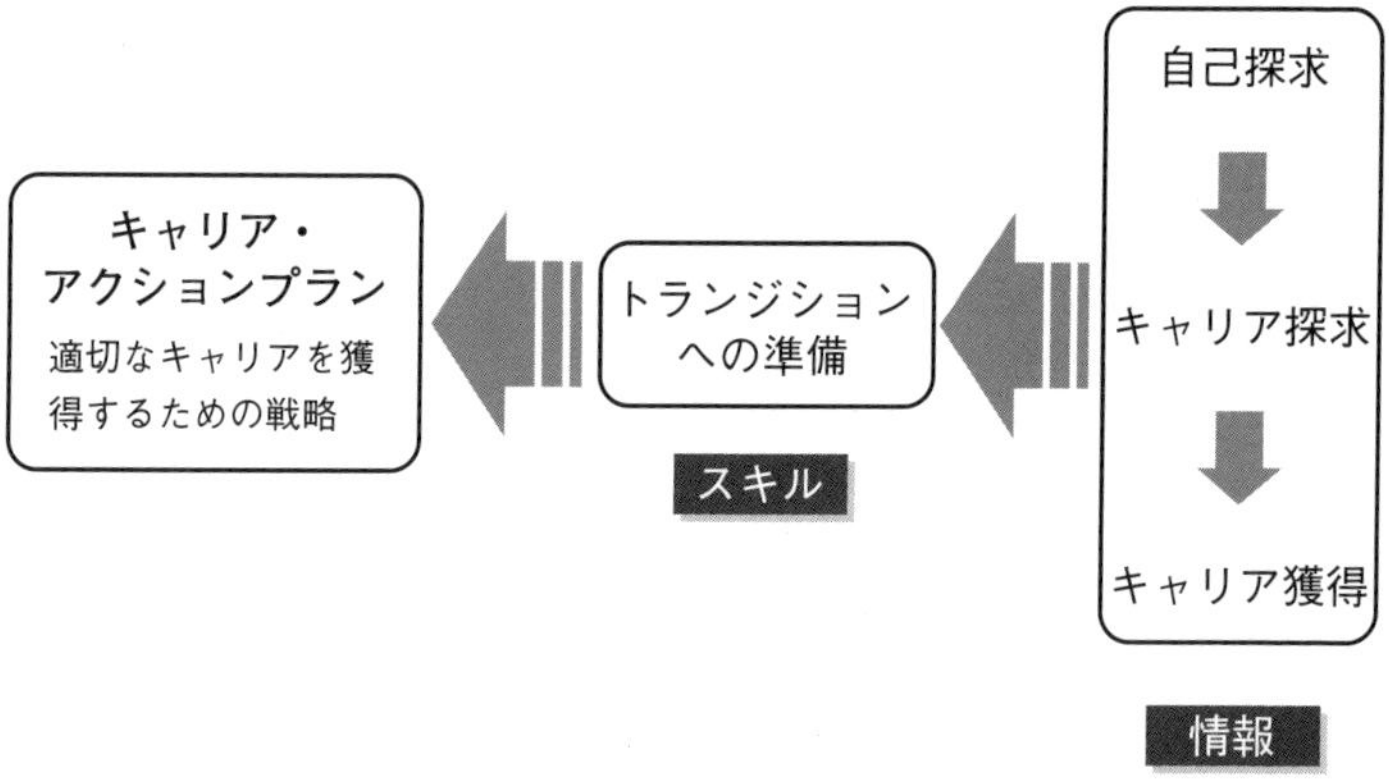

図3　キャリアプランの第一、第二、第三段階

ら、次は適切なキャリアを獲得する戦略が必要である。キャリアプラン過程の最終段階は、目標を達成するための「アクションプラン（行動計画）」を立てることだ。アクションプランを立てる目的は、方向性を持ち、キャリアプランを阻むような障害を予測・対応できるようにすることである。こういった「アクションプラン」と、「情報」と「スキル」を準備万端にまとめることで、適切なキャリアは得られる。「アクションプラン」を加えると、キャリアプランの最終モデルは図3のようになる。

すでに高校や大学を卒業している読者も、過去におけるトランジションで自分の下した決定について、改めて考えてみてほしい。本書は、個人でも、あるいは複数の人と一緒にでも利用できる。ワークシートの対象は自分自身でも他の人でもよい。いずれの場合も、友人や家族とここで得られた情報を共有しよう。一番役立ってくれるのは、あなたの理解者だからである。他の人からどのような協力が得られるかについては、第1章の「トランジションに対応する」の項にある「サポートチーム」にて学ぶことにする。

将来を見つめて

本書を読み進めることにより、キャリアプランだけでなくライフプラン、つまり人生でのスキルを学ぶことができるだろう。大半の人が一生に就く仕事やキャリアは、少なくとも三種類であろう。キャリアはただの仕事とは違う。キャリアとは、「自分の目標を達成するために計画性を持って行うもの」であり、仕事とは、「報酬を得るための労働」である。もちろん、仕事とキャリアが結びつくこともあれば、そうでない場合もある。スポーツがあなたの最初のキャリアなら、最終的な退職前にあと二種類はキャリアを経験するだろう。

キャリアプランを学ぶことは、真に楽しめるキャリア探しにつながる。運も必要かもしれないが、「運とは、備えがチャンスに出会うこと」ということわざがある。本書の練習問題を終えた後には、きっとどんなキャリアチャンスに対しても備えが十分にできていることであろう。

第一部　人生とスポーツのトランジション

第1章 トランジション

人は誰でも、人生において分岐点を迎えるものである。これを「トランジション」と呼ぶ。スポーツ選手として、もうすでにトランジションを経験した読者もいるだろう。高校から大学へ移行するとき、あるいはジュニアからシニアのレベルに移行するときなどがそうである。その際必要になるのは、身体面での対応（体力・筋力増加など）もあれば、心理・精神面の対応（遊ぶ時間を削る覚悟など）もあるだろう。

1．トランジションとはなにかを理解する

トランジションにおいて、心理面の影響にきちんと対処できず、キャリアに支障をきたすスポーツ選手は多い。たとえば、オリンピック選手の中には競技の終了時

や選考に落選したとき、悲しみや混乱を経験する者が多数いる。

先日、我々は米国オリンピック委員会が主催する「スポーツ選手のためのキャリア支援プログラム(CAPA)」†を通して、たくさんの選手に対しキャリアプランニングに関する活動を行った。参加者は、すでに一流レベルから引退した選手や引退を考慮中の選手、現役で活躍中だがキャリアプランに興味があり、取りかかりたいと希望している選手などであった。

序章で示したようなプロセスを使って、選手たちにキャリアプランについて説明し、ワークショップでは、参加者が引退に関しての感想や意見を発表する場を設けた。その際、さまざまな選手が語ってくれた、自らの体験に基づく意見を次に紹介しよう。

全米大学、そして全米においても最優秀選手だったある陸上競技の選手は、一九九二年の五輪チームの選考から漏れたときのことをこう語っている。

「ひどく孤独だった。自分の気持ちを理解してくれる人は誰もいない。周りからは〝五輪選考までいったんだからすごいじゃないか〟と言われたが、実際にバルセロナ大会に行けないことがどんなにつらいか、誰もわかっちゃいないんだ」

周囲の人が自分のことを思ってくれているのはわかるが、自分の気持ちの真の理解者はいない、と彼は感じたのだ。

†スポーツ選手のためのキャリア支援プログラム
Career Assistance Program for Athletes の略。一九九二年、米国マサチューセッツ州のスプリングフィールドカレッジ教授のAl Petitpas（アルバート・プティパ）博士らによって構築されたエリート選手のためのキャリアディベロプメント・プログラムで、米国オリンピック委員会（USOC）において立ち上げられたが、現在は予算カットのため消滅したといわれている。

もう一名、やはり五輪の選考に落ちたある水泳競技の選手は、選手としての人生が終わりに近づいたときの気分をこう語っている。

「水泳は人生のすべてだった。よい結果を出せた試合の後に経験する高揚感は、他のどんなことからも得ることはできない。水泳のない人生は空っぽで、まるで出口のない大きな穴の中にいるような気分だった」

これは、一流スポーツ選手の人生において、あるいはその人自身において、スポーツというものがどれほど重要なものであるかを示した例でもあるだろう。

そして、ある野球選手も同様の経験を述べている。

「人に紹介されるときはいつも〝野球選手〟としてだった。でも野球人生が終わってからは、自分が何者なのかわからない。またなにか新しいことを始めるのもいいかもしれないが、きっと野球の魅力とは比べものにならないだろう」

米国代表スキーチームのある選手は、スポーツからの引退は競技以外のさまざまな面にも影響を及ぼしたと語っている。

「引退はスキーそのものだけではなく、チームメイトとの関わりや当たり前のように繰り返してきた競技先への移動、祝賀会など、それに付随するすべてを失うことを意味した。生活のすべてが変わってしまったよ」

以上の選手たちは、それぞれのトランジションにおいて、スポーツだけでなく人生も失われたと感じたのである。引退せざるを得なくなったその時点まで、スポーツなしの人生を想定していなかったのだ。そのため、アイデンティティ、周囲からのサポート、ライフスタイルにまでトランジションが影響することとなった。選手生活におけるトランジションのすべてが引退ほど激しいものではないが、大半のトランジションには身体面だけでなく精神面や生活面での順応が、ある程度必要となることを覚えていてほしい。

予測可能なトランジション

トランジションの多くは予測することができる。すべてのスポーツにはライフサイクルがあり、引退には適齢期がある。たとえば、プロのバスケットボール選手のトランジションには次のようなサイクルがある。

［町のチーム → 中学校のチーム → 高校のサブチーム → 高校代表チーム
→ 大学のチーム → プロ → 引退］

この場合のライフサイクルは、バスケットボールを習い始める十歳くらいから始まり、約三十五歳で引退、というものである。つまり選手生活二十五年の間に約六回のトランジションがあることが予測できる。ここで、あるバスケットボール選手の経験したトランジションを見てみよう。

ウィリアムの場合

ウィリアムがバスケットボールを始めたのは十歳のときだった。市内にできたばかりのレッスン付きのリーグに友人と参加したのがきっかけだ。バスケットボールは初めてだったがすぐに上手くなり、たちまち夢中になった。放課後になると毎日練習し、週に四度は地元のボーイズ・クラブで試合に出た。十三歳になったときには町のチームのスター選手となり、チームは州の大会でファイナルまで出場した。地元では〝ウィリアムといえばバスケットボール〟というイメージが定着した。

この町には公立高校が二校、キリスト教の高校が六校あったが、ウィリアムは友人とともにキリスト教の†カトリック系の高校に進んだ。高校でのバスケットボールチームのメンバーは近所のバスケ仲間がほとんどだったので、すぐにチームにも溶け込むことができた。一年生のときは学校代表チームのメンバーに選ばれず落胆したが、サブチームでプレーできるというコーチの言葉に励まされた。二年生になり、三試合目には代表チームの先発メンバーになった。三年生ではリーグ選抜チームのメンバーに選ばれ、四年生になるとリーグの最優秀選手に選出された。

当然、バスケットボールだけでなく学校の勉強もしなければならなかった。ウィ

†カトリック系の高校
アメリカの高校の種類には大別してパブリック（公立）とプライベート（私立）の二種類がある。公立校に比べ、私立校はキリスト教の教えに基づく学校や有名大学の進学を目的とした学校、各自の個性を重視する学校など、各学校独自の明確な教育理念があることが多い。

†全教科平均B
アメリカの高校での成績評価の制度：A＝四、B＝三、C＝二、D＝一と四段階で評価する。ちなみに大学ではA＋、A、＝四、A－、B＋、B＝三、B－、C＋、C＝二、C－、D＋、D＝一、D～F＝0で評価する。

†スカラー・アスリート賞
スポーツ・勉学両方に優れていることを表彰する賞のこと。

リアムは学業面ではごく平均的な生徒だったが、高校でバスケットボールを続けたいという気持ちから、勉強にも取り組んだ。その努力が実り、全教科平均B†という成績を修め、市のスカラー・アスリート賞†を受賞した。ウィリアムの両親はバスケットボールについてあまり知識がなかったが、ウィリアムの出場する試合を楽しみにしており、また学業面での成績も誇りに思っていた。こうして、バスケットボールはウィリアムの生活とアイデンティティそのものにおいて、大きな位置を占めるようになった。

　高校での最終学年のとき、ウィリアムはいくつかの大学のチームからスカウトを受けた。両親は大学はおろか大学のスポーツについても詳しくなかったため、ウィリアム自身が選択を迫られることになった。入学時にまず一部奨学金を受け、チームに貢献できることが証明されたら学費全額免除をしてもらえるディビジョンⅠ†（一部リーグ）の大学に行くか、それとも学費を全額免除してもらえるディビジョンⅡ†（二部リーグ）の大学に行くか。また、あるアイビーリーグ†の大学がウィリアムに興味を示したことも、ウィリアムの選択を難しいものにした。学業とスポーツの両面でさらに磨きをかけるために一年半ほどプレップスクール†に通うことが、アイビーリーグの大学への入学条件として提示されたのだった。

　結局、彼はディビジョンⅠの大学に進路を決めた。スカラー・アスリート賞の奨学金と大学の一部奨学金で、一年目の学費はまかなえると考えたからだ。しかしバ

†ディビジョンⅠ・Ⅱ・Ⅲ
NCAAが規定する千二百を超えるカレッジや大学などのレベル別カテゴリー。日本でいうところの一部リーグから三部リーグのことで、スカラシップの数を基準に大学チームを三つのレベル（ディビジョン）に分けている。各競技各ディビジョンに所属する学生選手総数は男子二一〇九八九名、女子一五〇一八六名の計三六一一七五名（二〇〇四年度）。

†アイビーリーグ
米国東部にある、ハーバード、イエール、ブラウン、コロンビア、コーネル、ダートマス、ペンシルベニア、プリンストンの名門八大学のこと。どの大学にも歴史と権威があり、世界中から優秀な学生が集まることで知られている。

スケットボールの練習が始まってすぐに、ウィリアムは自分の決定が正しかったか悩まざるを得なくなった。彼はシューティングガードの三番手の選手で、試合ではほとんど出番がなかったのだ。さらに、熱心なスカウトを受けて早期に入学を承諾した同じポジションの選手の存在も、彼の悩みを深いものにした。やがて授業にもバスケットボールにもやる気のでない日々が続いた。気分は落ち込み、自信もなくなっていった。

バスケットボールのシーズンが終わってまもなく、ウィリアムはディビジョンⅢ(三部リーグ)の小さな大学に進学した高校時代の友人に会い、偶然、大学の学務部長を紹介された。この学務部長はバスケットボールのファンであり、高校時代のウィリアムの活躍ぶりを覚えていたのだった。その後、ウィリアムは大学でさらにつらい経験を重ね、考えに考えた末、このディビジョンⅢの大学に転校した。

新しい大学のチームでは、得点やアシスト面でリーダー的存在となり、全米レベルの副賞を受賞するというすばらしい業績を残した。また、学業面でもオールBの成績を修めた。心理学の授業が好きだったため専攻は心理学にしたが、そのときは、後にその専攻をどう活かすかということはあまり考えていなかった。

そして卒業を迎えたウィリアムだったが、また新たな問題に直面した。卒業後の進路である。バスケットボールが好きだという理由だけで、高校、大学には行ったものの、仕事に就くにあたっては専攻した心理学同様、深く考えたことがなかった

†プレップスクール
preparatory school=「準備をする学校」の略で、いわゆる進学校のこと。四年制のところが多く、アメリカでいうところの九～十二年生(日本の中学三年生～高校三年生)の四学年が在学する。スポーツに限ると日本では体育大学、体育学科進学専門の予備校である「体育進学センター」「アスリート体育大予備校」などいくつかある。

からだ。とりあえず講師としての職を得て半年間働いたが、生徒への生活指導などに苦労し、仕事に熱意を覚えることはできなかった。ウィリアムはようやく、バスケットボール選手としての自分の人生は終わり、次のステップに進まなければならないことを理解したのである。二十二歳になったウィリアムは、バスケットボール選手ではない自分とは何者か、模索し始めた。

ウィリアムのエピソードは、ごくありふれた例である。彼は非常に優秀なスポーツ選手で、さまざまな順応の段階を経なければならなかった。高校から大学へのトランジション、大学転校の決定、そしてバスケットボールのない生活に戻ること。このことは彼の人生にとって重要な出来事であった。ここでは彼がそれぞれのトランジションにどのように対処したかは記していないけれども、これらの出来事において彼は自分の力だけでなく、周りの人々からのサポートも得ていたのだろう。

予測不可能なトランジション

ウィリアムの例を読んで、高校卒業など、いくつかのトランジションは予測可能であることに気がついたのではないだろうか。たとえば、ウィリアムのようなバスケットボール選手のうち、プロを目指す選手は何千人にも上る。しかし、実際にN

ＢＡプレーヤーになれるのは数百人しかいない。そして、ＮＢＡの平均現役年数は約三年。大半のプレーヤーが、自分の当初の予定より早く引退しているのである。当然のことかもしれないが、バスケットボールではレベルがあがればあがるほど、プレーヤーの人数は減っていく。メンバーに選ばれなかったり、けがをしたり、引退したり。序章で紹介した、アイスホッケー選手のガイの例を思い出してほしい。ガイはプロになった数少ない例だが、現役生活は二十六歳で終わってしまった。ウィリアムの場合は二十二歳。女性の場合はプロ転向のチャンスも少ないため、二十代前半で選手生活の終わりを迎える選手が大半なのである。

そして、このような「予測可能なトランジション」に対して、「予測不可能なトランジション」もある。けが以外の予測不可能なトランジションとして、自分が予測していない状況になり、トランジションを迎えるという例がある。たとえば、高校三年生になると代表チームに入れると予測していたのに代表チームではなくサブチームに残ることになり、怒りを覚えてチームをやめてしまうといったケースだ。これを「期待はずれのトランジション」と呼んでいる。ウィリアムも一年目から代表チームでプレーできると予測していた。コーチにサブチームに残れと言われたとき、彼はとても落ち込んだという。

トランジションから受ける影響を理解して、将来のトランジションに対して準備しておくことは、キャリアプランの重要な要素といえるだろう。あなたのスポーツのライフサイクルを考え、予測可能、不可能なトランジションについて考えてみよう。まず、「ワークシート1・1」と「ワークシート1・2」を完成させよう。

スポーツのライフサイクルの検討

　スポーツのライフサイクルを改めて考えてみると、スポーツのキャリアは他のキャリアほど長くないこと、また両者がオーバーラップしていることがほとんどである。トランジションへの適応がうまくいった選手の多くが、スポーツをしながら他のキャリアに対しても関心を向けたり、実際に行動を起こしたりしている。たとえば、オフシーズンに他の仕事に就いていたあるプロ選手の例や、「†オリンピック雇用機会プログラム（OJOP）」を通してトレーニング中も企業で仕事をしていたあるオリンピック選手の例などを挙げることができる。この選手たちのように、現役選手として活躍中に他のキャリアを経験することでスポーツ以外の世界を垣間見ることができ、また仕事においての自分の向き・不向きも理解することができる。将来のキャリアプランを練るのは、高校時代からでも早すぎるということはない。自分自身と仕事の世界について学ぶ時期が早ければ早いほど、キャリアの選択はよいものになるのだ。

†オリンピック雇用機会プログラム
Olympic Job Opportunities Programの略。米国以外にも豪、南アなどにあるプログラム。オリンピック選手に対して引退後のキャリア構築に必要なスキル習得や、現役中の目標設定能力などに効果的なスキルを教えている。

Work Sheet 1.1

―あなたのスポーツのライフサイクル―

ライフサイクルは、スポーツによって異なる。たとえば、体操選手は 8 歳までにはいろいろな種目を経験し、20代には現役を引退する。ゴルファーは10代からと始まりは決して早くないが60歳以降になるまで引退しない場合が多い。次の項目に答え、自分のスポーツのライフサイクルを把握しよう。

▼

1．今のスポーツを始めたのはいつか。

2．なにがきっかけで今のスポーツを始めたのか。

3．今のスポーツを誰に教えてもらったのか。

4．両親はどんな反応を示したか。

5．最初に経験したトランジションはなにか。それはあなたの気分や行動にどのような影響を与えたか。

6．他にどのようなトランジションが予測できるか。

7．あなたのスポーツにはプロのリーグがあるのか。あれば、プロのレベルでプレーする力があなたにあると思うか。あるいはそれを希望するか。

8．スポーツ以外のキャリアにつくのは何歳だと思うか。

9．今のスポーツを何年続けると思うか。

10．新しい仕事を何年続けると思うか。

Work Sheet1.2

―スポーツのトランジション―自分への質問―

あなたのトランジションについて検討してみよう。

▼

1．これから先の数年間に予測できるトランジションはなにか。

2．今までの人生において、予測不可能なトランジションを経験したか。あれば、それはなんだったか(たとえば、けが)。そしてあなたにどのように影響したか。

3．その他に予測できないもの、望ましくないもの、または可能性が低いと考えられるトランジションはなにか。

4．ある出来事を期待していて期待通りに運ばなかったことがあるか(たとえば、レギュラーに選ばれることや、大会の選考に受かること)。あれば、具体的になにが起きて、どのように反応したか。

5．スポーツ以外の出来事がスポーツに影響した経験はあるか(たとえば、家族の病気)。

現役活躍中にキャリアプランを立てることにはいくつかの利点がある。まず第一に「満足できるキャリアを得る能力に自信がつくこと」である。これは、スポーツのパフォーマンスにもよい影響を与えることもある。

一九八六年の全米女子プロゴルフツアーに参戦した約三十五名の女性選手が参加した「将来のキャリア計画プログラム」というワークショップを例に見てみよう。プログラムの目的は、キャリアプランについて説明し引退後の人生に備えることだったが、新人、ベテランに関係なく、何名もの参加者が、将来の新しいキャリア探しにおいてだけでなく、今現在のスポーツにおいても自信が深まった、とコメントしていた。また、あるベテラン選手はこのように語っている。

「プログラム参加後、気分がすごく変わった。ここ数年間、一つひとつの大会をこなすのに精一杯だった。勝つことではなく、毎週の予選通過のことだけを考え、二、三メートルのパットで失敗したら自分はおしまい、と思っていた。自分が自分の最大の敵という状態で、自分自身に大きなプレッシャーをかけていたのだ。私にはゴルフしかなかったし、ゴルフなしの人生は考えられなかったから。でもワークショップに参加した後、ゴルフから実に多くを学んだと客観視できるようになったし、将来についても楽しめる仕事がきっと見つかると楽観的になることができた。将来に対してリラックスできたことがゴルフにもプラスに影響したのだろう。その後パッとよくなってきた」

現役中にキャリアプランを立てる第二の利点は、「引退後の方向性をつかめること」である。我々が話を聞いたスポーツ選手の多くが、引退せざるを得なくなったとき、途方に暮れたと述べている。生活の大部分がスポーツで占められていたため、スポーツなしの人生の心構えなどしていなかったからだ。しかし、キャリアプランを立てることによって、自分が果たせる、さまざまな役割について学ぶことができ、また、スポーツで得たことが他の分野にも応用できることがわかるだろう。キャリアプランは、人生において迷子にならないための将来への道しるべだといえるのかもしれない。

そして、キャリアプランを立てる第三の利点は、「自己についてより深く学べること」だ。これは新しいキャリア探しだけでなく、学業面や対人関係にも役立てられる。あらゆる環境がスポーツのパフォーマンスに影響する。たとえば、家族や友人とけんかをした場合、ベストを尽くせるような精神状態でプレーすることは難しい。キャリアプランにより、家族や友人、対人関係の問題をより上手に対処できるようになる。

スポーツのライフサイクルを検討することにより、トランジションの準備ができる。現役時代からキャリアプランを考えておくことによって、トランジションや将来においてて役立つスキルを見極められるようになるのだ。では、トランジションに対応するためのスキルを見てみよう。

2. トランジションに対応する

あなたがこれまでに経験したトランジションを振り返ってみると、自分がどのように対応してきたか思い出すことができるだろう。多くの場合うまく対応できたかもしれないが、その反対もあるのではないだろうか。ここで、その反対の例として、優秀な高校サッカー選手、ベスのケースを見てみよう。

ベスの場合

ベスは十七歳の女子高校生である。州レベルのサッカーの試合に二度出場し、全額スポーツ奨学金を受けてサッカーの名門大学に入学を予定していた。冬期はバスケットボールの代表チームにも先発メンバーとして参加したが、試合中に無理なプレーをして右膝を傷めてしまった。じん帯が切れたため手術を要したが、医師によると、手術後本人が努力すれば数カ月ですっかり元通りに動くことができるということだった。

しかしベスはこのようなけがをしたのは初めてで、不安に駆られると同時に、ばかなプレーをしたものだと自分自身に怒りを覚えた。また、完全に回復しなければ両親や友人を裏切ることにもなると考えた。そして何人もの友人に聞かれた質問を自分に問いかけた。〝大学の奨学金は取り消しになるのだろうか。以前と同じレベルでプレーができるだろうか。バスケットボールに手を出したのは間違いだったのでは…〟と。

この時点で、怒りや罪悪感、そしてけがに起因するさまざまな感情によって、ベスは自信を失い、無力感にうちひしがれていた。現状に対処できず、家族や友人といるよりは、一人でいる方が楽だと感じていた。孤独になることで一時的に気分はまぎれた。このような予測不可能なトランジションにおいて必要である、周囲からのサポートが得られなくなっていたにもかかわらず…。

リハビリ期間中、ベスはバスケットボールの試合や、いつもなら出かけるであろうその他の集まりへの参加を断固として拒否した。気分の浮き沈みが激しくなり、細かいことですぐ怒るようになった。ボーイフレンドが遊びに来ても、自分の気持ちがわかるわけがないと責めたため、いつもけんかをしてしまった。理学療法に関しても、療法士は順調に治療が進んでいると見ていたが、ベスは回復が遅いと感じ、イライラしていた。筋力の動きが少しでも改善していないと、療法士に怒りをぶつけ、そのうちに療法士のアドバイスも聞かなくなった。指示されているレベル以上の療法を試みて、痛みに泣いては自分が弱いからだと怒るのだった。そのため、ベスの状態は回復に向かうどころか、悪化していった。

しかし幸いにも、ベスはこの状況を乗り越える手助けをしてくれる人に出会った。それは、理学療法士から紹介されたカウンセラーだった。カウンセラーはベスの話に耳を傾け、ベスの状況を理解することに努めた。このとき初めて、ベスは自分の怒りや不安を素直に打ち明けることができたのだ。カウンセラーはベスに、彼女を優れたスポーツ選手とならしめた資質を思い出させ、その資質を利用してけがを乗り越えるよう助言した。ベスは、けがという今までに経験したことのない状況に冷静に対処できず、回復に役立てられるであろうスポーツで培った目標設定やイメージテクニックのスキルを活用できていなかった。負傷前であれば、最高のコーチから助言を求め、尊敬する選手からは試合の戦略やテクニックを学んだものだった。しかし、けがの後は、あらゆるアドバイスを拒絶し、周りの人からのサポートも得ようとしなかった。カウンセラーとの出会いによって、ベスはようやく周囲のサポートを得て自分のスキルを活かし、リハビリにもうまく対応できるようになった。

そして回復の方向へと向かうことになったのである。

ベスの例は、トランジションによる選手の精神的ストレスがどれほど大きなものか、またその対処方法がいかに難しいかを物語っている。当初、ベスはけがに対するさまざまな感情を抑えることができなかった。そして、自分の感情を閉じ込め、家族や友人を避けた。予測不能のけがから起きた変化に対応する術を知らなかったのだ。スポーツを失うかもしれないという恐れと、家族や友人を裏切ってしまったという罪悪感により、正しい対処法を見失ってしまった。カウンセラーの助けによって、ようやく以前のように自分のスキルでもって問題解決に向かえたのだ。

キャリアプランの一つ、「トランジションの心構え」を前もってしていれば、ベスのような経験をしなくて済むといえるだろう。ベスが回復できたのは、自らの問題解決スキルと、周囲のサポートがあったからだということを忘れてはならない。

自己の対応スキルを見極める

トランジションの心構えや準備をするにあたり、自分自身の対応力と周囲のサポートについて検討しなければならない。まず、ベスがどのように対応したかを振り返ってみよう。

彼女は回復の障害になるような行動をいくつかとった。自分の気持ちを正直に話さなかった。怒りと罪悪感が障害となり、家族、チームメイト、友人に対して壁をつくった。理学療法士のアドバイスにもしたがわなかった。このような行動をここでは「ネガティブ行動」と呼ぶ。一方で、ベスは回復に役立つ行動もとった。目標設定やイメージテクニックのスキルを使ったこと、そしてカウンセラーに気持ちを明かしたことがそうである。このような行動を「ポジティブ行動」と呼ぶ。次の「ハイライトボックス1．1」でベスの行動をまとめた。

次の「ワークシート1・3」および「ワークシート1・4」に記入し、自分が困難な状況に陥った際どのように対応するタイプかを見極めてみよう。後ほど、トランジション管理の戦略を練る際に、このデータを使うことになる。

Highlight Box 1.1

—ケガに対するベスの対応—

▼

●ネガティブ行動

1．サポートしてくれる周囲の人に対して自分の気持ちを打ち明けなかった。
2．家族や友人に対して壁をつくった。
3．理学療法士のアドバイスにしたがわなかった。
4．自分だけで解決しようとした。
5．同じようなけがをした経験のあるスポーツ選手の仲間に助言を求めなかった。

●ポジティブ行動

1．カウンセラーという相談相手を得て、気持ちをぶつけた。
2．スポーツで培った目標設定とイメージテクニックのスキルをリハビリに使った。
3．周囲の人たちに助言を求め、サポートを得た。
4．リハビリにおいて目標を設定し、回復を早めた。

Work Sheet 1.3

—トランジションへの対応—

スポーツを始めてから経験したトランジションについて振り返ってみよう。ベスの例を参考にして、自分のとったネガティブ行動とポジティブ行動をまとめてみよう。

▼

A．過去のトランジションにおいて、あなたがとったネガティブ行動とポジティブ行動を書きなさい。

●ネガティブ行動

1．＿＿＿＿＿＿＿＿＿＿
2．＿＿＿＿＿＿＿＿＿＿
3．＿＿＿＿＿＿＿＿＿＿
4．＿＿＿＿＿＿＿＿＿＿
5．＿＿＿＿＿＿＿＿＿＿

●ポジティブ行動

1．＿＿＿＿＿＿＿＿＿＿
2．＿＿＿＿＿＿＿＿＿＿
3．＿＿＿＿＿＿＿＿＿＿
4．＿＿＿＿＿＿＿＿＿＿
5．＿＿＿＿＿＿＿＿＿＿

B．トランジションに対応する際にとったポジティブ行動は、将来のトランジションにも役立つ。ネガティブ行動を減らして、ポジティブ行動を増やすのがポイントである。
将来のトランジションを切り抜けるために使えるポジティブ行動を書きなさい（考えつかない場合は、［ワークシート1.4］に進みなさい）。

C．将来のトランジションには、新しいポジティブ行動も必要かもしれない。将来のトランジションに対応できるような新しいポジティブ行動を書きなさい。

Work Sheet 1.4

—対応スキルを見極める—

これまでのトランジションにおいて、あなたはすでにたくさんのスキルを身につけてきたことだろう。スポーツで身につけた多くのスキルは、あなたの生活においても活用することができる。次の問題で、そのスキルについて考えてみよう。

▼

A. 大切な競技の参加に際してどのように準備するか。身体面、心理面でのテクニックを書きなさい。

●身体面：

1．＿＿＿＿＿＿＿＿＿＿
2．＿＿＿＿＿＿＿＿＿＿
3．＿＿＿＿＿＿＿＿＿＿
4．＿＿＿＿＿＿＿＿＿＿
5．＿＿＿＿＿＿＿＿＿＿
6．＿＿＿＿＿＿＿＿＿＿
7．＿＿＿＿＿＿＿＿＿＿
8．＿＿＿＿＿＿＿＿＿＿
9．＿＿＿＿＿＿＿＿＿＿
10．＿＿＿＿＿＿＿＿＿＿

●心理面：

1．＿＿＿＿＿＿＿＿＿＿
2．＿＿＿＿＿＿＿＿＿＿
3．＿＿＿＿＿＿＿＿＿＿
4．＿＿＿＿＿＿＿＿＿＿
5．＿＿＿＿＿＿＿＿＿＿
6．＿＿＿＿＿＿＿＿＿＿
7．＿＿＿＿＿＿＿＿＿＿
8．＿＿＿＿＿＿＿＿＿＿
9．＿＿＿＿＿＿＿＿＿＿
10．＿＿＿＿＿＿＿＿＿＿

B. 上記の身体面・心理面のテクニックのうち、トランジションにも使えるテクニックに○をつけなさい。たとえば、心理面のテクニックに「スカウティングレポート（相手チームのデータ報告）を読む」と書いたのなら、そのテクニックは入学を希望している大学に入る戦略として使うことができるだろう。データが多いほどさまざまな場面において対処でき、問題もそれだけ少なくなるといえる。

トランジションのサポートをしてくれる人たち

私たちは常に自立した人間でありたいと思うものだが、ときには周りのサポートを求めることも必要であることを理解すべきだろう。スポーツ選手として、プレッシャーを感じるときや困難なときにもただ努力を続け、一〇〇％の力を出し切ることで乗り越えることを学んだかもしれない。アドバイスを求めるのは自分の弱さを見せることであって、対戦相手にリードを許す原因にもなると言われたかもしれない。しかし、サポートを求めることは甘えでも弱さでもない。ある分野においてあなたが持っていない情報や力、知識を他の人が備えているという事実をあなたが把握し、理解しているということに過ぎないのだ。

たとえば、サッカーのチームを例にしてチームワークについて考えてみよう。なぜサポートが必要なのか理解できるだろう。フォワードとディフェンダーは、プレーヤーとしての得意分野が異なるため違うポジションにいる。フォワードは点を入れる役割であり、ディフェンダーは相手チームのオフェンスを防ぎ、ゴールキーパーをサポートする役割である。あるチームで一人のプレーヤーだけが試合に勝つスキルをすべて持ち備えているという例はごくまれではないだろうか。この例のように、通常は各プレーヤーがお互いのスキルを頼りにして、チームプレーの向上に努めるものだろう。

これと同様に、実生活においてもチームが必要なのである。常に自分だけに頼っていても、勝つことはできない。フィギュアスケートやアーチェリーなど個人競技の選手でさえ、競技の準備やトレーニングのサポートをする人が周りにいる。コーチやトレーナー、親、家族、選手仲間などがチームとなって、個人のスポーツ選手の成功に貢献しているのだ。彼らは情報や動機づけ、スキルトレーニング、精神面のサポート、批評、経済的援助などで、選手の目標を達成する手助けをしてくれる。あなた自身もチームメイト、後輩、あるいは友人に対して、サポートをしたことがあるのではないだろうか。

実生活のサポートチームは、スポーツにおけるそれと似ているといえるだろう。次の項で、スポーツやキャリア、人生でのトランジションに対応

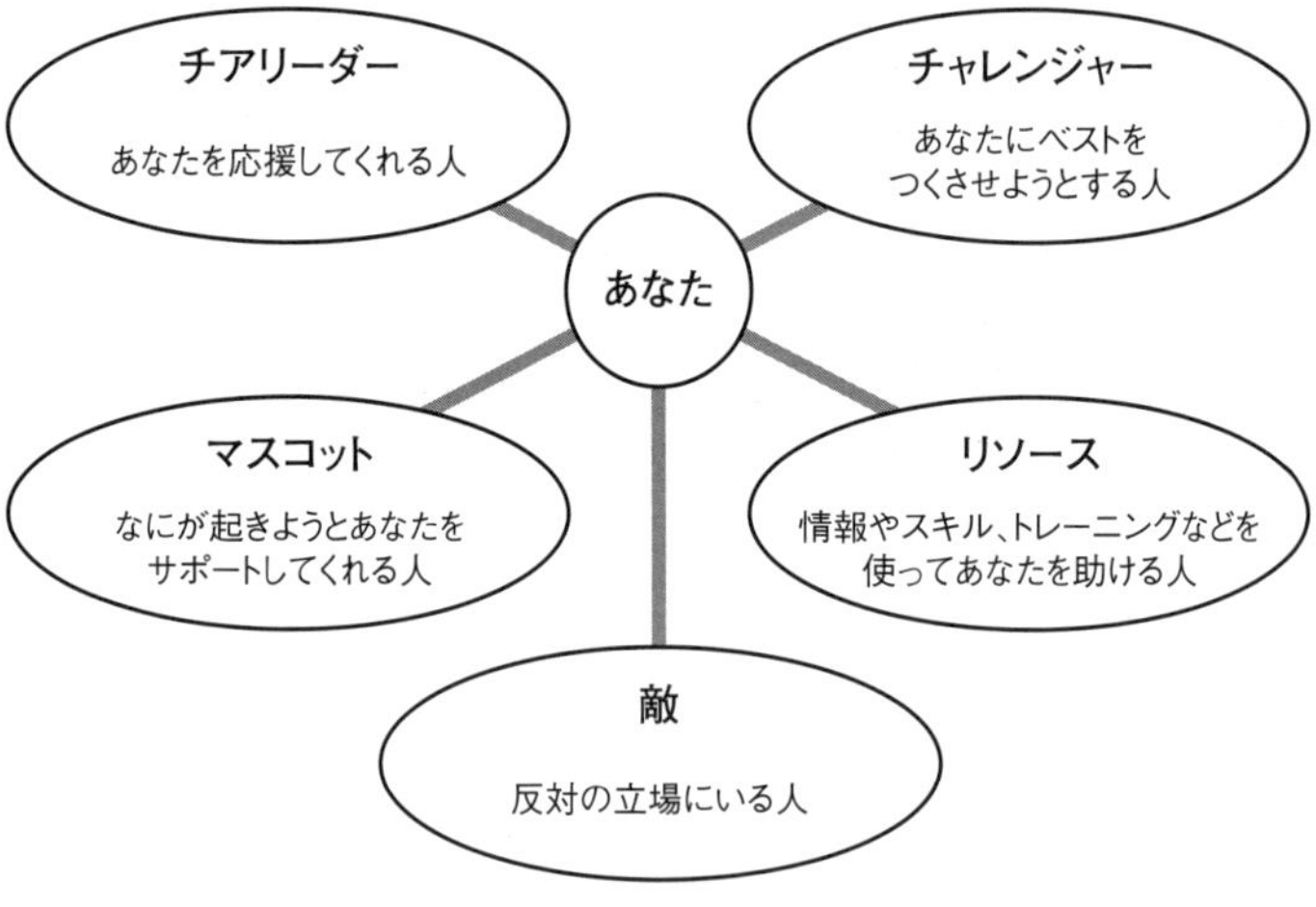

図1.1　サポートチーム

する手助けとなるサポートチームについて考えていこう。

サポートチーム

メダルを狙うとき、成績を上げるといったようなときには、いつもサポートが必要だ。キャリアを選択するときも同様である。周りから受けるサポートや、あなたが周りに与えられるサポートにはいろいろな形がある。そしてサポートチームはいろいろなタイプの人たちで構成される。〔図1・1〕で、サポートチームの構成が理解できるだろう。

では、あなたのサポートチームについて考えてみよう。次の説明を読むと、ある人々は複数のサポート役を果たしていることに気づくだろう。たとえば、コーチはチアリーダー役であり、チャレンジャー役であり、敵になることもあるのだ。

・チアリーダーは、あなたを応援してくれる人。誰でも、プレー中と実生活のチアリーダー（キャリアプランとその努力に対して応援してくれる人）が必要である。

・チャレンジャーは、あなたにベストを尽くさせようとする人。あなたが限界だと思う以上の力をさらに引き出そうと後押ししてくれる。キャリアを選択する際には、スポーツ以外の将来を考える手助けしてくれるような人が必要である。

・マスコットは、そのままのあなたを受けとめてくれる人。失敗しても受け入れてくれるし、落ち込んでいるときには抱きしめてくれる。仕事探しが予想していたほどうまくいかないようなとき、マスコットの存在が重要になる。

・リソースは、情報、トレーニング、アドバイスを提供してくれる人。カウンセラー、教師、友人、コーチ、近所の人、親戚などは、スポーツ選手がキャリアを選択するにあたって頼りにできるリソースである。

・敵は、あなたのパフォーマンスや能力に対して否定的な意見を述べる人。いつもあなたの弱点を狙い、自信を喪失させる。「オリンピックなんて無理」「いまどき教師を目指す人なんていない」などのネガティブな意見で、あなたの努力を阻むような役目を果たす。逆に敵のおかげで奮起させられることもある。

では、「ワークシート1・5」と「ワークシート1・6」に記入し、サポートチームがあなたの現在の生活において果たす役割、そして将来のトランジションにおける役割を考えてみよう。実際に記入してみると、ある何名かの特定の人々に依存しすぎていたという事実に気がつくかもしれない。あるいは、もっと新しいサポートメンバーが必要かもしれないし、不必要な人を見つけたかもしれない。また、以前のトランジションではよいサポートメンバーであった人が、現在のトランジションにおいては障害になる場合もあるだろう。たとえば、チアリーダーは、スポーツ

Work Sheet 1.5

—あなたのサポートチーム—

それぞれの項目に該当する人の名前を書きなさい。一人で複数の役割を果たすこともあるため、同じ名前を複数の項目に書いてもよい。

▼

●チアリーダー：

1. ＿＿＿＿
2. ＿＿＿＿
3. ＿＿＿＿
4. ＿＿＿＿
5. ＿＿＿＿
6. ＿＿＿＿
7. ＿＿＿＿
8. ＿＿＿＿

●チャレンジャー：

1. ＿＿＿＿
2. ＿＿＿＿
3. ＿＿＿＿
4. ＿＿＿＿
5. ＿＿＿＿
6. ＿＿＿＿
7. ＿＿＿＿
8. ＿＿＿＿

●マスコット：

1. ＿＿＿＿
2. ＿＿＿＿
3. ＿＿＿＿
4. ＿＿＿＿
5. ＿＿＿＿
6. ＿＿＿＿
7. ＿＿＿＿
8. ＿＿＿＿

●リソース：

1. ＿＿＿＿
2. ＿＿＿＿
3. ＿＿＿＿
4. ＿＿＿＿
5. ＿＿＿＿
6. ＿＿＿＿
7. ＿＿＿＿
8. ＿＿＿＿

●敵：

1. ＿＿＿＿
2. ＿＿＿＿
3. ＿＿＿＿
4. ＿＿＿＿
5. ＿＿＿＿
6. ＿＿＿＿
7. ＿＿＿＿
8. ＿＿＿＿

Work Sheet1.6

―サポートチームについての最終質問―

［ワークシート1.5］のサポートチームをみて、次の質問に答えなさい。

▼

1．あなたの人生をサポートしてくれる主な人たちは誰か。

2．あなたがサポートを得ているのは１～２名のみからか、それとも何名もの人たちからか。

3．サポートしてくれる人は必要なときにいつも近くにいるか。

4．サポートチームのメンバーは知り合い同士だろうか。

5．何名もが同じタイプのサポート役を果たしているか。それとも各項目にそれぞれいるか。

6．あなたにとってどのタイプのサポートが一番役に立つか。反対に、一番役に立たないタイプはなにか。

7．ある特定の場面やトランジションに対し、とくに必要なサポートはあるか。

8．サポートチームに足りないものを埋めるにはどうしたらよいだろうか。

9．あなたのサポートを必要としているのは誰だろうか。またその人を助けることができるか。

の活動においてはすばらしいサポートメンバーかもしれないが、就職活動でよい返事がもらえず壁にぶつかるあなたを守ることができないかもしれない。同様に、チャレンジャーは、スポーツ面ではやる気を起こさせてくれる最高の存在かもしれないが、スポーツに費やす時間とエネルギーを削る原因となるキャリアプランなどの活動に関しては、反対することもあるだろう。

つまり、スポーツにおいてのチームと同様に、サポートチームのメンバーもあなたの状況に応じて交代するのである。ある年にはスター的存在だった選手も、状況やルールが変わればそうでなくなる場合がある。自分のニーズの変化を把握できれば、サポートチームを再編成し、トランジションをうまく管理することができる。さらに、他人からのサポートや影響力から自立したい部分があるとすれば、そのような部分を認識する手助けにもなる。

このようにサポートチームについて一考してみると、自分自身も他の人のスポーツの分野や実生活においてサポートチームの一員であることがわかるだろう。あなたの経験によるスキルと知識が他の人の大きな助けとなるかもしれない。両親、友人、他の選手などが、あなたの助けを必要としている可能性もある。サポートというものは、他の人に手を差し伸べることによって、自らも支えを得られるだけでなく、トランジションを管理するのに必要な人生のスキルと自信を得ることができるものでもあるのだ。

3. トランジションの管理

トランジションの準備をするということは、変化に対応する力がつくだけでなく、その経験を通して成長できるような力とサポートを得ることにもなる。変化にうまく対応できれば、自信につながり、将来のトランジションにも役立つだろう。すでに本章のワークシートを通して考えたトランジションとリソースについての情報を踏まえて、［ワークシート1・7］を完成させよう。

トランジションに対する作戦が完成した今、同様の経験をしたスポーツ選手と意見を交換してみよう。適切なスポーツ選手がいなければ、コーチやサポートチームのメンバーに意見を聞こう。そ

Work Sheet1.7

—トランジションへの戦略—

▼

1．予測できるトランジションを書き出しなさい。

2．トランジションに対応する際のリソースを書きなさい。

3．自分が受けられるサポートのタイプを書きなさい。

4．リソースやサポートチームに足りない部分を書きなさい。

5．必要なスキルやリソースをどのように得たらよいか、書きなさい。

6．あなたのライフプランやキャリアプランにおいて、トランジションはどのような位置を占めるか、書きなさい。

うすることで、あなたの立てた作戦に対するアドバイスを受けることができるし、あるいはサポートチームを増やしたり、他の対応スキルを学んだりもできるだろう。

4. 本章のまとめ

キャリアプランにおいて、トランジションの身体的・精神的な側面に対処することは重要なことである。スポーツ選手は、スポーツと関わりのない人が経験する一般的なトランジションだけでなく、スポーツ特有のトランジションも経験する。

本章では、次のことについて学んだ。

1. トランジションとは、人生において変化が起き、それに対応しなければならない状況のことをいう。
2. トランジションによる身体面・精神面の変化に適切に対応することは、キャリアプランの重要な側面である。
3. スポーツ選手のトランジションの多くは、予測可能である。
4. けがなどによる予測不可能なトランジションもある。

5. 期待していた通りに物事が運ばなかった場合のトランジションもある（期待はずれのトランジション）。
6. 現役選手として活躍中にキャリアプランを立てることには、いくつもの利点がある。
7. トランジションに対応するには、今自分の持っているスキルを見極めて使うことが必要である。
8. トランジションに対応するには、サポートチームが必要である。

第2章　高校時代のトランジション

高校時代というのは、誰にとっても友達と過ごせる楽しい時期だが、スポーツ選手にとってはトランジションの多い難しい時期でもある。高校の選択科目や成績は大学やキャリアの選択に大きく影響するため、学業面での努力は大切だが、新たにできた交友関係などとの優先順位をどのようにするかはとても難しい選択だろう。また、大学に行くか、スポーツ以外のキャリアを選択するかについても決定しなければならない。こういった決定の他にも、自分では大人だと思っていても親や教師には子ども扱いされるなど、自らのアイデンティティについて考える時期でもある。高校時代に起こるすべての変化に対応するのは容易ではない。本章では、そのような決定や変化の具体例や心構えについて紹介する。

1．自分のアイデンティティを見極める

多くの人にとって、高校時代は自分のアイデンティティと自分という存在が社会でどのような意味を持つのかについて考えるときである。これを「アイデンティティの発達」と呼ぶ。

たとえば、あなたは初対面の人に会った際、どのように自己紹介するだろうか。読者の中には、「体操をやっています」「サッカーの選手です」などの答えを思い浮かべた人もいるだろう。そういった人は、いわば自らをスポーツ選手だと位置付け、またそれを自分のアイデンティティと考えているといえよう。「私は成績優秀者リストに選ばれました」「絵が好きです」などの答え方があったのにもかかわらず、なぜそう言わなかったのかといえば、自己紹介というのは、自分の特技、つまりアイデンティティについて話したいと思うものだからだ。学校で一番のホッケー選手であったり、バスケットボールのポイントガードで先発メンバーであったり、という自分が得意なことに関して、誇りに思っているからである。

アイデンティティを形成するもう一つの要素として、「周囲の声」というものがある。幼い頃、高くジャンプができることや、足が速いことなどで褒められたことがあるのではないだろうか。周りの人たちは、あなたの得意分野とあなた自身とを

関連付けて考えるようになる。「メアリーは優れたゴールキーパーだ」「ボブはこの地域で最高のスキーヤーだ」といったように。このような他者からの意見によって、自分自身の自己像（セルフイメージ）†は形成されていくのである。

スポーツ選手としてのスキルと「周囲の声」とがどのように個人のアイデンティティを形成するかについて、ここではあるフィギュアスケート選手の例をもとに考えてみよう。

†**自己像（セルフイメージ）**
「自分は○○である」と思うことで自分が理想とする「○○」に近づこうとし、自然にその方向に能力が高まっていくということ。心理学的には「役割効果」とも呼ばれる。

キャシーの場合　①

キャシーは十六歳の高校二年生。米国でもっとも将来を期待されるフィギュアスケート選手の一人だった。幼い頃から彼女の才能は光っていた。地元のスケートリンクで、八歳にならないうちから十代後半の子どもでもできないようなジャンプや滑りを見せていた。中学生の頃には、将来キャシーが一流のフィギュアスケーターになるだろうことは、誰の目にも明らかだった。

フィギュアスケートの経験があった彼女の母親は、娘の才能を早くから認め、最高級の用具を買い揃え、優秀なコーチのレッスンを受けさせた。地元のコーチではこれ以上教えられないほどのレベルに達したとき、キャシーは単身でボストンに移ることになった。一流のスケートクラブでトレーニングを受けるためである。まだ十二歳だったキャシーは家族や友人から離れての生活をためらったが、オリンピックでのメダルという最終的なゴールに近づくためには、世界的に有名なコーチのレッスンは必要不可欠なことだと納得した。

キャシーはクラブの紹介で、スケートリンクに徒歩で通える家庭に下宿した。毎朝早く起きて、五時半から七時半まで練習に励み、八時十五分から午後二時半までは学校に行き、放課後は午後四時から六時半まで再び練習した。そして夕食後に数時間勉強し、午後十時前には就寝するという生活だった。週末も一日五時間を練習に充てた。

毎日のスケジュールはきつく、家族や友人にも会いたかったが、スケートへの熱意を失うことはなかった。全米大会出場のためには当然の我慢であり、スケートの先輩もみな、デートをしたり友人と過ごしたりすることはいつでもできるが、全米チャンピオンやオリンピックメダリストになれるようなチャンスは今しかないのだから、という意見だった。キャシーはベストを尽くし、その後四年間で一気にジュニアの部でトップに上り詰めた。十六歳になったとき、彼女は米国フィギュアスケート界の期待の新星となっていた。

このように、キャシーの生活のすべてはスケートであった。彼女のアイデンティティは「スケート選手である自分」であり、スケートのためにはどんな犠牲も払う覚悟だったといえるだろう。

しかし、他のなにかについて決めるときと同様に、自分のアイデンティティについての的確な判断は、適切な情報が揃ったときにこそできるものである。つまり、周囲の人や環境などを理解すればするほど、自分のアイデンティティを正確に冷静に見極める力も高くなるのだ。なぜなら、いろいろな活動や役割、あるいは人との出会いを通して、逆に自分自身を知ることができるからである。スポーツだけに従事していると世界が狭くなり、他の分野にも見いだせるかもしれない自分の長所やニーズ、関心、スキルの可能性について理解することができないだろう。

自分をスポーツ選手としてだけ、あるいは学生としてだけ定義することは、自分が何者なのかではなく、なにをしているかだけを説明しているに過ぎない。ある一つの活動にエネルギーを集中してしまうことは、その活動ができなくなったときに他の居場所がまったくない状況に陥るという側面がある。たとえば、スポーツ選手としての自分にしか自信を持たないまま、選手生命が終わるようなけがをしてしまった場合、アイデンティティが危機にさらされることは避けられないだろう。キャシーのその後について見てみよう。

キャシーの場合　②

順調に成功を重ねてきたキャシーだったが、ある日突然スランプ†がやってきた。まず重要な地区大会で二度も転倒してしまい、芳しくない結果に終わってしまった。彼女は、この失敗はさらに努力が必要だという戒めだと考え、さらに練習に励んだ。しかしその後、程度としては軽いがなかなか完治しないけがが続いた。練習するほどけがは悪化し、キャシーは行き詰まった。コーチにも相談をした。「トップになるにはもっと練習しなければならないのはわかっているけど、無理をするとけがが悪化してしまう…」と。

生まれて初めて、キャシーは自信を失った。けがへの不安からあまり無理をしないよう気をつけたため、結果としてパフォーマンスの質が落ちてしまったからだ。その結果、パフォーマンスのレベルが低下するとともに、自信もなくなってしまった。スケートだけがキャシーのすべてだったのに、そのスケートが思うようにできなくなったのである。さらに状況を悪化させたのは、自分には誰も頼る人がいないと感じたことだった。彼女はスケートの練習に明け暮れるだけの生活を送っていたので、スケート関係者以外で友人はいなかった。両親に対しても、とくに母親を落

†**スランプ**
slump：一時的な不調、不振。

胆させたくなかったため、この問題についてあまり話すことができなかったのである。

その後キャシーはうつ状態になり、だんだん朝起きるのがつらくなった。練習にも顔を出さなくなり、学校の成績も落ち、ついには「学校もスケートもやめたい」と言い出した。そしてスケートでさらに失敗を重ねた末、スケートクラブをやめ、家に戻った。彼女は「自分を見失った」と語り、現在はスケートもやっていない。

おそらくキャシーは、自分をスケート選手としてのみ定義していたのだろう。それが彼女のアイデンティティだったからである。時間とエネルギーのすべてをスケートに費やし、他のキャリアや交友関係については考えなかった。新しい経験に挑戦したり自分について学んだりせず、オリンピックへの夢だけに人生をかけ、すべてを失ったのだ。

スポーツ選手として成功するには、長い時間をかけて練習やトレーニングをしなければならない。しかし、他の選択肢や経験を通して自己について学ぶことも大切なのである。このことは、アイデンティティの確立においてだけでなく、ストレス管理という意味でパフォーマンス自体に問題が起きた時にも、より上手に対応できるようになることにもつながる。キャシーは優れたスポーツ選手だったが、自分自身についての理解が足りなかった。スケートへの夢を阻むような問題に対して適切な対処法をまったく学んでいなかったのだ。

自分について学ぶことは、自己定義の手助けとなるといえるだろう。しかし、スポーツ選手の中には、本当の自分を理解する前に自ら決まったレッテルを張ってしまう人もいる。つまり、自分の長所、ニーズ、スポーツ以外の関心について考える前に、「スポーツ選手」と決めつけてしまうような例だ。

ではここで、自分のスポーツ以外でのアイデンティティについて考えてみよう。その方法として、本章の冒頭の例にならい、自己紹介をすると仮定する。しかし、「スポーツ以外のこと」で自分のことを表現するのである。

あなたはどうするだろう。なにを話せばいいのか戸惑ってしまうだろうか。あるいは話せたとして、その言葉は自分なりの自己像だろうか、それとも他の人がよくあなたを語る際に使う言葉だろうか。あなたのスキルや長所、関心についての言葉だろうか。

もしスムーズに表現できたなら、あなたは自分自身についてある程度は理解しているといえる。自己理解への道はそう難しくないだろう。一方、スポーツ以外のことでは自分をうまく説明できなかった場合、自分をよく理解していないか、キャシーのようにエネルギーすべてをスポーツに注いでいる可能性がある。ぜひ一度、あなた自身について考えてみよう。アイデンティティの確立には、自分の長所、ニーズ、関心、スキルを探求し、自らの信念を理解する必要がある。自己探求は一生続くプロセスなのだから。

なお、第5章では自分自身についてのデータを集め、自己理解に役立てられる練習問題をまとめている。このデータは、大学入学やスポーツ以外のキャリアを始めるにあたっても非常に役立つだろう。参考にしてもらいたい。

2. 大学進学の決定

高校時代に自分のアイデンティティを探求する際、将来どんな人間になりたいか、という問題に直面するだろう。アイデンティティの一つの要素として、将来のキャリアが大いに関係してくるからである。高校一年生のときから、卒業後の進路について質問されたことはないだろうか。高校卒業後にプロ選手になりたいのか、それとも進学か、あるいはどちらも望まないならば高校でより専門的な職業訓練課程に入るのか。

こういった選択は、将来のキャリアに関しての最初の大きな決定であるといえよ

†進路カウンセラー
米国では進路について相談を専門にできる人が学校にいる。日本の中学校・高校では、進路指導の教員が相談を行うケースが多い。

う。この決定にあたっては、自分の能力、関心、そしてアイデンティティを考慮しなければならず、また選択科目の数やその難易度も考えなければならない。その際、なかなかスムーズに決められない人もいれば、すでにどんなコースを選択したいか、はっきり決まっている人もいる。選択にあたってアドバイスをしてくれる中学や高校の進†路カウンセラーは、大切なサポートチームの一員である。また親からのサポートも重要となるだろう。まだ、決めかねている人は、このようなサポートメンバーの協力を得て、よく考えて

Work Sheet2.1

—高校の進路決定チェックシート—

次の質問を読み、「はい」と「いいえ」から自分の考えをよく表している方に○をつけなさい。

▼

1．学校の勉強は大体好きだ。　［はい・いいえ］

2．放課後が待ち遠しい。　［はい・いいえ］

3．学位取得のためには、興味のない科目でも履修するつもりだ。　［はい・いいえ］

4．手を使う仕事が好きだ。　［はい・いいえ］

5．本を読んで新しい知識を得ることが好きだ。　［はい・いいえ］

6．早く社会に出て仕事をしたい。　［はい・いいえ］

7．他の人の考えやアイデアについての本を読むことが好きだ。　［はい・いいえ］

8．ものの仕組みについての本を読むことが好きだ。　［はい・いいえ］

9．フルタイムの仕事に就く前に、他のことを学ぶことも大事だと思う。　［はい・いいえ］

10．できるだけ早く収入を得たい。　［はい・いいえ］

11．経済的な負担を負ってでも大学には行きたい。　［はい・いいえ］

12．大学に行く時間や費用は自分には無駄だと思う。　［はい・いいえ］

みよう。

また進路決定の際は［ワークシート2・1］での回答が一つの目安にもなるだろう。大学にはいろいろなところがあり、さまざまな能力の人間を受け入れるものだということを覚えておこう。

［ワークシート2・1］のうち、偶数番号の質問に五つ以上「はい」と答えた場合は、高校では職業訓練課程（日本では、工業科への進学など）の選択を考えた方がいいかもしれない。奇数番号の質問に五つ以上「はい」と答えた場合、大学進学が向いているといえるだろう。奇数番号と偶数番号の両方にまんべんなく「はい」がある場合は、進路カウンセラーやサポートチームのメンバーに相談し、改めて考えてみよう。

高校生のスポーツ選手に対する職業訓練について

大学に進学しない場合は、技術職、サービス職など、大学の学位が必要ない職業に就くことが選択肢として挙げられる。たとえば、技術職にはコンピュータ修理や簡単な電気工事など、ある製品や機械に関する専門的な技術や知識を必要とした職業がある。また、サービス職には販売業、旅行代理業務、料理人など、例を挙げればきりがない。いずれにせよ、高校の職業訓練プログラムでは、卒業後すぐに仕事ができるように、あるいは大工や配管工などの場合は熟練工のもとでしばらく見習いとして修業しながら仕事ができるように、技術や知識を学ぶ。なかには歯科衛生士や電気技師、不動産業など、実際に仕事をするのに修了証書や免許が必要な職業もある。短期大学や技術専門学校、免許取得コースなど、高卒者用の教育プログラムは数多くあるので調べてみよう。また、どんな仕事があるかについては、高校の進路相談室や図書室にある『職業ハンドブック』†や『職業百科事典』†などで調べるのがいいだろう。

　大学進学を希望しない場合に考えられるもう一つの進路として、プロスポーツ選手になることがある。プロ選手になるには、スポーツ選手としての能力と可能性を厳しく見極めなければならない。高校のコーチや親は、残念ながらそのような見極めをする適格者ではない。プロスポーツを目指すならば、夢や希望をかける前に、その分野のプロから何度も評価を受けることが重要である。

　しかし、高卒者†をスカウトするプロスポーツのわずかな例として、テニス、野球、ホッケーなどが挙げられるが（あくまで米国での例）、他のスポーツ種目では生活費さえ稼げないことがままある。たとえば、ゴルフはほんのひと握りのトッププレーヤーを除けば、ほとんどの場合、小額な収入しか入ってこない一方で、何年にもわたる地道な練習が必要なスポーツの一例であろう。ミニツアーに参加するプレーヤ

† **『職業ハンドブック』『職業百科事典』**
職業に関する本は、米国では『職業ハンドブック』:「Occupations Outlook Handbook」、『職業百科事典』:「Encyclopedia of Careers」、『職業名辞典』:「Dictionary of Occupational Titles」などが挙げられる。それぞれの最新版はAmazon.com等ネットで購入可能。
日本では日本労働研究機構作成の『職業ハンドブック』、独立行政法人 労働政策研究・研修機構の『職業レファレンスブック』、中・高生向けのハンドブック『職業ハンドブックOHBY（オービィー）』がその一例。
また、http://db.jil.go.jp/welcomeでは、『職業ハンドブック』を元に作成された職業データベースから、約三〇〇種の代表的な職業について検索できる。

ーは旅費も自己負担で、賞金が出たとしても旅費の負担額の方が大きいことも多い。これは男性に比べて賞金額の少ない女性スポーツの場合、とくに顕著である。

　運よく高校を卒業してすぐプロ選手になれたとしても、オフシーズンの間に別の仕事をしたり、アルバイトなどで収入をまかなう必要があるかもしれない。しかしこの場合、その仕事やアルバイトが楽しくやりがいのある将来のキャリアにつながることもあるかもしれない。

大学の選択基準

　大学進学を決めた場合も、高校ではさまざまな決定をしなければならない。まず、最初の二年間は進路カウンセラーと相談しながら、†大学進学に必要な選択科目を選ぶ。自分の興味の対象や能力を踏まえ、行きたい大学に合った科目を基準に選ぶ。あるいは、大学入学前に取得必須の科目もある。この必修科目については本章の後半で説明する。

　そしてもっとも重要な決定事項は、進学先である大学をどこにするかであろう。これは一般の高校三年生にとって難しい選択であるが、さまざまな要素を考慮しなければならないスポーツ選手にとっては、さらに困難な問題である。

　大学を決めるにあたってまず初めに考えなければならないことは、自分がスポー

†高卒者をスカウトするプロスポーツ
これは米国の場合。日本では、プロ野球・Jリーグ・プロテニス・プロゴルフなどがその例であろう。一例として、二〇〇五年度は八十三名の高卒者がJリーグへの道を歩んでいる。

†大学進学に必要な選択科目を選ぶ
米国の高校は単位制のため必要な科目を選択する。ちなみに米国での進学基準については、ほとんどの大学でいわゆるAO（Admission Office）入試を実施しているため、これまでの経験や重要な出来事、または学業に関することを記述した自己紹介文の提出が必須となる。また、英語を

ツについてどれだけ考えているか、ということである。大学でスポーツに参加することが大学選択における最優先事項なのか、そうでないのか。次の質問を自分に問いかけてみよう。

1. 現在行っているスポーツを大学でできなかったとしたら、どう感じるだろうか。
2. スポーツを今やめる準備ができているだろうか。
3. 大学スポーツのレベルでプレーする自信があるだろうか。
4. 大学でスポーツをするために、ある専攻分野を犠牲にすることができるだろうか。
5. ある大学を選んだとしても、けがや力不足などでスポーツが途中でできなくなったらどうするか。
6. 大学でスポーツをするために交友関係を犠牲にできるか。
7. 学内の大会などに出場するだけでスポーツへの参加は十分だろうか。

この質問は、大学でスポーツをする上で考えられる犠牲や代償など、マイナスの要素を考えさせる内容である。これらについて考えてみて、やはり大学に進んでもスポーツ選手でいたいと思ったなら、大学に関する決定はスポーツの能力に基づい

母国語とする志願者にはSAT、そうでない志願者にはTest of English as a Foreign Language（TOEFL）が実施され相当数のポイントが求められる。加えて高等学校の卒業証明書、正式な成績証明書を必要とされる。

て行うのがよいだろう。しかし、いくつかの質問に関して確信がもてないような場合は、進学先を決定する際に多少の妥協をしなければならないかもしれない。いずれにせよ、コーチ、進路カウンセラー、親など、サポートチームのメンバーとこの質問について話し合ってみよう。

△大学スポーツ選手の成績基準

ディビジョンⅠ、ディビジョンⅡの大学で一年生のときからスポーツに参加したい場合、†ＮＣＡＡの定める成績を満たさなければならない（「表２・１」を参照）。一年生が参加できるか否かはＮＣＡＡ規定により異なり、†『大学に進学する学生アスリートに対するＮＣＡＡガイド』で定められている。ＮＣＡＡ規定の他にも各大学や競技団体ではＮＣＡＡ以上に厳しい規定を設けている。たとえば、アイビーリーグの大学に進学したい場合、学内成績順位で上位にいなければならず、かつ進学クラス（成績優秀者）や†大学進学適性試験（ＳＡＴ）、†米大学入学学力テスト（ＡＣＴ）でも優秀な成績を修めなければならない。高校の選択科目を考えるときには、以上の規定を念頭に置かなければならない。

また、ディビジョンⅠかディビジョンⅡでのプレーを希望する場合は、ＮＣＡＡの会員機関である入学資格分類センターに必要書類を提出し、認証を受けなければ

†NCAA
National Collegiate Athletic Association：全米大学体育協会の略。A.A.U(Amateur Athletic Union)と並ぶ米国二大スポーツ総括組織。A.A.Uがオリンピック選手中心であるのに対し、NCAAは学生スポーツを対象としている。一九〇六年に創立され、現在は全米の九三三校の大学、二十二種目の競技団体が加盟。それにともなう八十二の全米大学選手権の運営管理が主な活動である。(NCAA公式サイト　http://www2.ncaa.org/)

†NCAAガイド
NCAAに加盟している大学やカレッジに入学する高校生やその両親に向けた、具体的なカリキュラムの案内、ガイドブック。

ならない。必要書類とは、学生許可証、在学した高校でのすべての成績表、およびSATまたはACTの結果の写しである。

では、NCAA各ディビジョン間の成績基準の違いについて見てみよう。ここで検討するのは、各ディビジョンの大まかな違いである。各ディビジョンの中でも大学間でかなりの相違点があることを念頭に置いておこう。同じ大学で、あるスポーツはディビジョンⅠ、他のスポーツはディビジョンⅢに属するという場合もある。また、NCAAは成績基準を変更することがあるので、最新のガイドラインを常に確認することが必要である。

△ディビジョンⅠ

ディビジョンⅠは、大学スポーツの最高レベルである。ディビジョンⅠの大学は、すべてではないが大半のスポーツ選手に対して全額・一部奨学金を提供している。全額奨学金の場合は学費と寮の費用、教科書代が支払われる。一年生での成績基準を満たさなかった場合、スポーツ選手用奨学金の対象にはならないが、援助の必要度に応じて援助金の対象になることはできる。

ディビジョンⅠでスポーツ選手として一年生から活動するには、次の基準を満たすことが必要となっている。

†SAT　Scholastic Aptitude Testの略で、米国の高校生を対象とした大学進学適性試験のこと。

†ACT　American College Testの略で、高校生を対象として、大学進学希望者のために実施される学力テストのこと。英語・数学・読解・理科の四科目から構成される。

1. 高校を卒業していなければならない。

2. 高校三年間で、最低十三科目で構成される必修課程(コアカリキュラム)[†]を修了していなければならない。これは以下を含む。

A. 三年間の英語科目履修(例:文学、作文、ボキャブラリー、分析リーディング、オーラルコミュニケーション、文法など)

B. 二年間の数学科目履修(例:代数、幾何、三角関数、統計、微積分など)

C. 三年間の社会科学科目履修(例:歴史、社会科学、経済学、地理、心理学、社会学、公民、政治科学、人類学など)

D. 二年間の自然科学または物理科学履修。高校に実験クラスがある場合は最低一年間(例:生物、化学、物理、環境科学、地学、物理科学など)

E. その他の一般教養科目履修二年間(例:外国語、コンピュータ、哲学、比較宗教など)

3. GPA[†]と標準テスト(SATの数学・英語合計点、またはACTの複合平均点)で[表2・1]の基準を満たす得点を取らなければならない。

△ディビジョンII

ディビジョンIIは、大学の二部リーグである。ディビジョンIIで全額・一部奨学

†**コアカリキュラム**
必修課程。Coreは「核」という意味。

†**GPA**
Grade Point Averageの略
米国の大学では、A~Fの成績を4、3、2、1、0の点数(ポイント)に換算する。それにそれぞれの科目の単位数を掛けて足した合計を総単位数で割ったもの。

金を提供している大学の数はディビジョンIより少ない。NCAAの規定により、スポーツ選手として一年生から活動するには、次の基準を満たすことが必要となっている。

1. 高校を卒業していなければならない。
2. GPAは平均二・〇が最低必要で、ディビジョンIの学生スポーツ選手に必要な必修課程を完了していること。
3. SATの合計点が最低七〇〇点、ACTの複合平均点が最低十七点であること。

表2.1　NCAA成績基準

GPAのスコア	SAT最低必要点	ACT最低必要点
2,500以上	700	17
2,500	700	17
2,475	710	18
2,450	720	18
2,425	730	18
2,400	740	18
2,375	750	18
2,350	760	19
2,325	770	19
2,300	780	19
2,275	790	19
2,250	800	19
2,225	810	20
2,200	820	20
2,175	830	20
2,150	840	20
2,125	850	20
2,100	860	21
2,075	870	21
2,050	880	21
2,025	890	21
2,000	900	21
2,000未満	該当せず	該当せず

また、ディビジョンⅡの大学に入学予定の学生は、入学前に必須科目（コアコース†）の科目を受けることが許可されている。

△ディビジョンⅢ

ディビジョンⅢは、大学の一番下のレベルであるが、競争率は激しい。スポーツ奨学金を出すことは禁じられており、援助金はすべて必要に応じて出される。ディビジョンⅢの大学の場合、ＮＣＡＡに書類を提出したり認証を受けたりする必要はない。

△大学の選択

大学スポーツに参加することが大学選択の大きな理由である場合、大学レベルでプレーできる能力があるかを測るために、大学などのコーチから評価を受ける必要がある。また、ディビジョンⅠとディビジョンⅡの大学の大半が大学レベルに見合うスキルを持った選手をスカウトするが、スカウトされたとしても、高校と同じような活躍のチャンスがあるとは考えない方がよい。ある大学にスカウトされたソフトボール選手はこう語っている。

「私は、大学のチームでもスター選手になれると思っていた。大学に入るまで、チ

†コアコース
必須科目。Coreは「核」という意味。

ームのほぼ全員が高校でキャプテンをしていたレベルであることなど考えていなかったからだ。今までベンチで待つような経験はなかったので、いざ出番が来ると張り切りすぎて失敗してしまう。いつ出番のチャンスがあるのかも、見当がつかない状態だ」

スカウトされた場合は、その大学のスポーツプログラムがどのようなものか知るために、次のような質問をスカウトコーチにしておこう。

1. 学生選手が利用できる学業面でのサポート制度はどんなものがあるか。
2. 学生選手を担当する学業アドバイザーはつくのか。
3. 自分が行うスポーツの選手のうち、どれぐらいの学生が四年間で卒業するのか。
4. 現在プログラムに在籍している学生選手と自分とを比べる方法はあるか。スポーツ面ではどうか。学業面ではどうか。
5. シーズン中は通常どのようなスケジュールか。
6. オフシーズン中は通常どのようなスケジュールか。
7. 一年生のときからプレーするチャンスはあるか。
8. 自分と同じポジションの選手は何名ぐらいスカウトされたのか。

スカウトされなかった場合、自分の期待度や実力が現実的なものであったかを考えなければならない。また、自分の活躍している場面を収録したビデオテープや、スポーツに関する実績表を作成して、高校のコーチを通して行きたい大学のコーチに直接送ってもらうのもいいだろう。まずは、自分の実力の現実的な評価を得ることである。ディビジョンⅠではプレーできないかもしれないが、ディビジョンⅢでプレーできる可能性があるかもしれない。

また、スカウトされなかったのは、体格面や経験、あるいは学業の成績でなにか足りない点があるからかもしれない。その中には、プレップスクール†に一、二年通うことで解決する問題もあるだろう。プレップスクールに通う間に身体的に成長したり、スポーツの技術面が向上したり、学業面からのサポートを受けられるなど、さまざまな面での進歩が期待できるかもしれない。

次に、自分の成績に見合った大学を選ぶことも大切である。非常に厳しい課程を課している大学では、勉強についていくのに精一杯でスポーツをする余裕などないかもしれない。また、大学でスポーツができる能力があったとしても、在学に必要なGPAを維持することができないかもしれない。

さらに、その大学のコーチや他の選手、プレーのスタイル、施設が自分に合うかどうかも見極めなければならない。現在、スポーツをすることが目的でどこかの大学へ進学を考慮中の読者は、「ワークシート2・2」に記入してみよう。

†**プレップスクール**
第一章十八ページ参照。

このシートに記入した内容は、次の二つの方法で評価する。まず、○をつけた数字の合計を、各大学で比較すること。次に、一番重要な項目に印をつけ、その項目のみの合計を出すこと。たとえば、「自分のやりたいスポーツをプレーできる可能性」「先発メンバーになれる可能性」「コーチを気に入る可能性」「親が見に来られる可能性」がもっとも重要な項目であれば、この項目の合計点のみを出す。

また、自分のニーズに合わせて項目の追加や削除もしてみよう。たとえば、「複数のスポーツでプレーすること」を希望しているのなら、それを項目として追加しよう。同様に、「施設を気に入る可能性」が重要でないのなら、リストから削除しよう。

大学選択シートの合計点は、スポーツ面での大学選択基準として重要なデータとなるが、次のステップでは、スポーツ以外の側面を考慮してみよう。

高校生スポーツ選手が大学を選択する際には、スポーツ以外の面についても考えなければならない。水泳で全米レベルの賞を受賞したスポーツ選手は、あるマンモス大学に進学したが、後に小規模のディビジョンⅠの大学に転校している。転校について悩んでいたとき、アドバイザーにこう語ったという。

「高校は小人数制だったので、三〇〇人もの生徒がまとめて授業を受けるような現在の環境には慣れることができない。教授は五十分間講義をしたら、すぐに教室

Work Sheet2.2

—スポーツ選手の大学選択シート—

このワークシートをコピーして、行きたい大学すべてに関して点数をつけなさい。記入後、結果を比較してみよう。

▼

・大学名：＿＿＿＿＿＿＿＿＿＿＿＿＿＿＿＿

・自分のやりたいスポーツをプレーできる可能性

ほとんどない　1　2　3　4　5　6　7　8　9　10　絶対ある

・先発メンバーになれる可能性

ほとんどない　1　2　3　4　5　6　7　8　9　10　絶対ある

・スター選手になれる可能性

ほとんどない　1　2　3　4　5　6　7　8　9　10　絶対ある

・学業面でよい成績を収められる可能性

ほとんどない　1　2　3　4　5　6　7　8　9　10　絶対ある

・コーチを気に入る可能性

ほとんどない　1　2　3　4　5　6　7　8　9　10　絶対ある

・チームを気に入る可能性

ほとんどない　1　2　3　4　5　6　7　8　9　10　絶対ある

・施設を気に入る可能性

ほとんどない　1　2　3　4　5　6　7　8　9　10　絶対ある

・親が見に来られる可能性

ほとんどない　1　2　3　4　5　6　7　8　9　10　絶対ある

・チームが勝つ可能性

ほとんどない　1　2　3　4　5　6　7　8　9　10　絶対ある

その他

・＿＿＿＿＿＿＿＿＿＿

ほとんどない　1　2　3　4　5　6　7　8　9　10　絶対ある

・＿＿＿＿＿＿＿＿＿＿

ほとんどない　1　2　3　4　5　6　7　8　9　10　絶対ある

・＿＿＿＿＿＿＿＿＿＿

ほとんどない　1　2　3　4　5　6　7　8　9　10　絶対ある

・＿＿＿＿＿＿＿＿＿＿

ほとんどない　1　2　3　4　5　6　7　8　9　10　絶対ある

・＿＿＿＿＿＿＿＿＿＿

ほとんどない　1　2　3　4　5　6　7　8　9　10　絶対ある

・この大学の合計点＿＿＿＿

・最重要項目の合計点＿＿＿＿

を出ていってしまう。私にとってこの大学は規模が大きすぎる。一人ひとりに時間をかけてもらうシステムの方が私には向いている気がする」

また、地元を離れてあるディビジョンⅡの大学に進学したアメリカンフットボール選手は、大学の所在地による問題について次のように話している。

「故郷の友人が懐かしい。大学のチームメイトはすばらしいけれど、みんな自分とは少し違う。私は田舎の出身だが、ここのみんなは都会育ち。新しい環境に慣れるのに、予想していたよりも苦労している」

大学を選択するにあたって、彼らにとってはスポーツ以外の側面が非常に重要なポイントであったといえよう。大学の規模、土地柄、カリキュラム、故郷からの距離、教育の質、その他の環境など、あなたにとってもっとも重要な点はどれだろうか。大学を選択する際には、スポーツだけを選択の基準と考えずに、このような点も考慮すべきだろう。

［ワークシート2・3］の大学選択スコアカードで、大学を選択するにはいろいろな側面が重要であることが理解できるだろう。また、大学を選ぶときは自分の判断だけでなく、他の人のアドバイスも聞くことだ。サポートチームのメンバーはもちろん、希望する大学の在校生、卒業生、その他の職員などの意見はさらに貴重である。

Work Sheet2.3

—大学選択スコアカード—

次の項目を読み、大学を選択するにあたってそれぞれ重要と思う度合いを順位の欄に数字で表しなさい。もっとも重要な項目を「12」とし、もっとも重要でない項目を「1」とする。

▼

項目	順位	大学A 点数	大学A 合計	大学B 点数	大学B 合計
大学の規模					
受講課程(シラバス)					
スポーツプログラム					
環境					
大学の見栄え・外観					
教授、学生、大学スタッフ					
施設や建物					
大学の知名度					
学生寮					
食堂などの食事					
交友関係					
故郷からの距離					
		合計		合計	

現在進学を考慮中の大学があるならば、その大学に「5＝大変よい」「4＝よい」「3＝ふつう」「2＝悪い」「1＝大変悪い」の5段階で点数をつけなさい。もっとも重要な項目に関して各大学が自分の基準を満たしているかどうか比較するには、「順位」と「点数」の数字を足し、「合計」の欄にその数字を書きなさい。総得点を出すには、「合計」の欄の数字をすべて足しなさい。

数字が高いほど、自分の希望に合った大学であることを示している。

△大学進学の延期

重要な競技が終了するまで、大学の進学を延期する必要があるスポーツ選手もいる。たとえば、オリンピック選手はオリンピックが終わるまで進学しないままでいるかもしれない。あるいは、競技中はその場所の近くにある大学に入っておいて、競技終了後に本命の大学に転校、という方法をとる場合もある。こういった場合は、便利さを最優先に考え、自分のスケジュールにもっとも合った大学を探すことが重要になってくる。

このように、競技のために進学を延期したりすることはよくあることに思えるかもしれないが、同様の決定をしたスポーツ選手は結局進学しないケースが多い。

CBC（カナダ放送協会）のテレビ番組『5th Estate』では、カナダのジュニアアイスホッケー選手が直面する問題について取り上げている。アイスホッケー選手がジュニアホッケーチームでドラフトを受けた場合、それを承諾してNHLのプレーヤーを目指すか、あるいは奨学金を受けてアメリカの大学に進学するか、という二つの選択肢がある。しかし、大抵の選手が練習や移動、競技などのハードスケジュールで高校を中退するケースが多いということ、そして、たとえ中退してホッケーに打ち込んだとしてもNHLまで行きつく選手はほんのわずかであるという現状がレポートされていた。

重要な競技など、スポーツのキャリアが終わるまで大学進学の延期を考えている場合は、オフシーズン中に二年制か四年制の大学でいくつか単位を取得した方がよいだろう。引退後に一から大学の勉強を始めるのは容易なことではない。現役中に少しでも講義を受けておくことが、学業から完全に離れないで済む上、大学の学位取得へのもっとも確実な方法だといえよう。

△大学選択に必要なリソース

このように大学を選択するにはさまざまなプロセスがあり、また非常に難しいものであることがわかったのではないだろうか。大学選択の際は自分のサポートチームに相談し、最適な決定ができるようにしよう。コーチ、将来のコーチ、進路カウンセラー、教師、大学の入学カウンセラー、そして親などは、すばらしいリソースとなるだろう。また、自分自身でもいろいろ調べることが必要だ。自分の将来なのだから、進路を決めるにあたっては自ら積極的に行動しなければならない。また、第3章では、大学での専攻リストを紹介しているので、参照してほしい。

大半の高校の進路相談室には自分の条件に合った大学が探し出せるプログラムが備わっているパソコンがあるだろう。たとえば、ビジネスマネジメントの課程とディビジョンⅢのラクロスチームがあるニューイングランド州の大学を探したいなら

Work Sheet2.4

―高校での履修計画―

ディビジョンⅠやディビジョンⅡの新入生として大学でプレーするためには、高校の必修課程をある程度の成績で修了しなければならない。GPAは最低2.0、必須科目はすべて合格点を取らなければならない。次のリストを使用して勉強の計画を立てよう。１単位は、授業１年分を意味する。

▼

●英語（最低３単位必修）

講義名	修了日	成績	修得単位数
1．＿＿＿＿	＿＿＿＿	＿＿＿＿	＿＿＿＿
2．＿＿＿＿	＿＿＿＿	＿＿＿＿	＿＿＿＿
3．＿＿＿＿	＿＿＿＿	＿＿＿＿	＿＿＿＿
4．＿＿＿＿	＿＿＿＿	＿＿＿＿	＿＿＿＿

●数学（最低２単位必修）

講義名	修了日	成績	修得単位数
1．＿＿＿＿	＿＿＿＿	＿＿＿＿	＿＿＿＿
2．＿＿＿＿	＿＿＿＿	＿＿＿＿	＿＿＿＿
3．＿＿＿＿	＿＿＿＿	＿＿＿＿	＿＿＿＿

●社会科学（最低２単位必修）

講義名	修了日	成績	修得単位数
1．＿＿＿＿	＿＿＿＿	＿＿＿＿	＿＿＿＿
2．＿＿＿＿	＿＿＿＿	＿＿＿＿	＿＿＿＿
3．＿＿＿＿	＿＿＿＿	＿＿＿＿	＿＿＿＿

●自然科学または物理科学（最低２単位必修）

講義名	修了日	成績	修得単位数
1．＿＿＿＿	＿＿＿＿	＿＿＿＿	＿＿＿＿
2．＿＿＿＿	＿＿＿＿	＿＿＿＿	＿＿＿＿
3．＿＿＿＿	＿＿＿＿	＿＿＿＿	＿＿＿＿

●その他の課程（最低２単位必修）

講義名	修了日	成績	修得単位数
1．＿＿＿＿	＿＿＿＿	＿＿＿＿	＿＿＿＿
2．＿＿＿＿	＿＿＿＿	＿＿＿＿	＿＿＿＿

ば、画面にいくつかのキーワードを入力すれば検索できるだろう。進路相談室に行き、実際に調べてみるとよい。

高校の計画

ＮＣＡＡの規定を参照し、また大学進学に向けて考慮すべきさまざまな選択肢も検討したら、［ワークシート２・４］を使って高校の履修計画を作成しよう。進路カウンセラーと相談し、ＮＣＡＡの規定に変更がないかを調べながら、作業を進めよう。

3. 本章のまとめ

高校時代にスポーツ選手はさまざまな決定をしなければならない。その決定の中には、スポーツに関するものや、その他のキャリアに関するものもある。

本章では、次の事項について学んだ。

1. 高校時代は、自分のアイデンティティについて学ぶ時期である。
2. アイデンティティの一部は、将来のキャリアについての計画に関係している。

3. 高校でしなければならない最大の決定事項は、大学に進学するか否かである。
4. 高校での勉強、大学やその他の職業を選択するにあたっては、スポーツ面での能力や希望を考慮することが必要である。
5. 大学進学を選択する際は、スポーツ面での参加の度合いや学業面の成績、課程、大学の環境など、多くの要素を考慮することが必要になる。
6. 大学レベルでプレーするには、ＮＣＡＡの規定を十分に確認する必要がある。
7. 大学進学を予定していようといまいと、高校では将来の目標やチャンスに見合うような選択科目を選び勉強しなければならない。

※この章では、原著に基づいてアメリカの学校事情を書いてあります。日本の場合とは多少異なる部分もありますので、ご了承ください。

第3章　大学時代のトランジション

大学において私たちはさまざまな新しい経験をする。自分について学び、アイデンティティを確立する。また、故郷や家族、友人などから離れた環境にある大学に進んだ場合は、自分だけが頼りだということも強く意識するだろう。さまざまなバックグラウンドを持つ人たちと出会い、交流も盛んになるだろう。スポーツと学業の負担はさらに増え、高校時代以上に両者のバランスの取り方に頭を悩ませることだろう。将来のキャリアを考えた際は、それを踏まえた上で学業面でのいろいろな選択に迫られる。卒業後の人生への準備とともに、キャリア、スポーツ、交友関係などにおいても多くの決定をしなければならない。大学の四年間は、このような課題の連続である。

本章では、これらの課題に対してスムーズに対応できるよう、準備やその現状を紹介する。大学生スポーツ選手が直面するであろう次の五つの課題に焦点をあてた。

1. 大学生活への順応
2. アイデンティティとキャリアの確立
3. 専攻の選択
4. スポーツ、学業、交友関係のバランス
5. 卒業後の人生への準備

もちろん、自分だけの力に頼るのではなく、大学生活の一部となる新しいサポートチーム（仲間や頼りになる人々）も見極めなければならない。

本章では、スポーツ選手の大学生活を想定し、大学生活が成功するよう、さまざまな計画を立てる手助けをする。まず、大学生活に順応するためにはなにが必要かを見ていこう。

1. 大学生活への順応

あなたがごく一般的な学生スポーツ選手であれば、大学は高校とはずいぶん異なると感じるだろう。身体面、精神面、学業面、そして交友関係において、いろいろ

な違いを感じるのではないだろうか。具体的にその事例を挙げてみよう。

まず、大学スポーツの練習は厳しい。高校時代には周囲に比べて体が大きく、もっとも優秀な選手であった読者もいるだろうが、大学には全国でもトップレベルの体格と実力の持ち主たちが集まってくる。高校時代よりもおそらく練習はきつく、長く感じるだろう。コーチが要求してくるレベルも高く、能力の限界までの練習を求められることがほとんどである。このような生活は、技術面での成長にはつながるのだが、疲労度が高まることも確実である。また、オフシーズン中の練習やウエイトトレーニングも含め、一年中スポーツに関わることになり、時間とエネルギーの消耗は余計に激しくなる。ある体操選手はこう語っている。

「大学に入って練習が始まってから、信じられないほど疲れるようになった。日中練習前に昼寝をしておいても、夜勉強するときには疲れ切って眠くなってしまう。高校のときとはまったく別世界だ」

そして、高校では大半の試合に出場してみんなの関心を集めていたような、いわばスター的存在だった選手でも、大学に入ってみれば自分が他と同じようなレベルの選手の一人にすぎないことに気づくだろう。コーチやチームメイトに一目置かれるためには常に努力しなければならず、個人競技であろうとチームスポーツであろうと、大学では基礎や下積みなどを最初からやり直さなければならない。そして、レギュラーメンバーとの紅白戦の相手に徹すること、あるいはベンチで待つことにも慣れなければならない。おそらく、ほとんどのスポーツ選手がこのような身体面・精神面での変化に対する順応が必要になるだろう。

また、学業面での変化も大きい。通常の学生と同じレベルの学業成績が求められる中で、そこまでの準備ができていないかもしれないし、勉強に費やす時間やエネルギーがないかもしれない。あるバスケットボールの選手はこう述べている。

「大学一年でもっとも印象に残っているのは、中間試験のときのことだ。最初の数週間は講義に出て、勉強を少しして、午後はチームで練習試合をした。そうこうしているうちに十月になって、本格的な練習が始まり、中間試験があり、最初のレポート提出があった。時間がたくさんあったそれまでと違い、学期末までにとにかく遅れを取り戻すのに必死だった」

高校の成績やSAT†またはACT†の点に関して、大学スポーツ選手には通常の学生と異なる基準を設けている大学は多い。つまり、スポーツ選手は入学時には必要な基準に達しているのだが、入学以後は成績やSATなどで得点の高い一般の学生と同じレベルでの評価を受けることになるのである。

全米の大半の大学では、学生がキャンパス内で学校関係の仕事に従事する場合、週に二十時間以内と規定されている。これは、二十時間以上のアルバイトは学業に

†SAT　第二章五十九ページ参照。
†ACT　第二章五十九ページ参照。

影響すると大学側が考えているからである。しかし大学生スポーツ選手の場合、練習や試合、移動、試合の反省会、その他スポーツに関連した活動に、週に二十時間以上費やすことがほとんどである。大学スポーツ選手が学業面で大きなハンディキャップを負っていることは明らかだろう。

それに、初めて故郷から離れたスポーツ選手の場合、友人関係においても新たな課題が生まれるだろう。地元ではスポーツのおかげで人気も知名度もあった選手も、大学に入ればほとんど誰にも知られていない。人種や文化、その他の社会的・経済的なバックグラウンドが異なるチームメイト、ルームメイト、クラスメイトなどとの交際も一から始めなければならない。また、教授や学生の中にはスポーツ選手としての才能を認めてくれている人たちもいるだろうが、なかには大学スポーツ選手として奨学金を受けていることに否定的な反応を示す人たちもいるかもしれない。大学ではスポーツ選手を英雄視する者もいれば、勉強が不得意にもかかわらず、過剰な特権を与えられている甘やかされた存在であると偏見を持っている者もいるのである。

そして、家族や高校時代の友人など、サポートチームが近くにいない場合は、新しいサポートチームをつくらなければならない。大学のチームメイトからは自分にとって必要なサポートをすべて得られないかもしれないからだ。あるアメリカンフットボール選手はこう語っている。

「入学前の八月に大学に行き、プレシーズンに出場した。すぐに他の選手たちと仲良くなり、入学後はルームメイトになった。生活のほとんどをともにして、一緒にバカな行動もとった。でも、代表チームのメンバーとして活躍している彼らに、自分だけがダミーチーム†である悩みを打ち明けることはできなかった。

つまり、ルームメイトは大学という環境へのトランジションには役立ったかもしれないが、自分が活躍できないという悩みに関しては、サポートチームの役目は果たせなかったのである。

大学で直面するであろう身体面、精神面、学業面、そして交友関係の変化はすべて相互に関連していることを理解しなければならない。たとえば、疲れていて満足のいくプレーができないような場合は、勉強にも集中できないだろうし、新しい友人をつくろうとする意欲もわかないだろう。大学で起こる変化に対して、心の準備をし、新しいサポートチームをつくることで、学業とスポーツの両方を楽しむことができるのである。

このように、大学ではスポーツ選手としてのさまざまな課題に直面するだろうが、必ずしも問題だらけというわけではない。スポーツ選手の多くは大学生活にスムーズに対応しており、次に紹介するメアリーの例はその一例である。メアリーは大学

†ダミーチーム
the dummy squad：試合形式のトレーニングにおける対戦相手を仮想したチームのこと。選手は先発出場予定外の選手が務める。

入学で起きたいくつかの変化を乗り越えて、順調に一年目を送ることができた。メアリーの例を読み、彼女がどのようなトランジションを強いられたか、そしてその変化に対してどのようなスキルを使い、サポートチームからどのような協力を得たか考えよう。その後、メアリーが直面した課題をまとめた「ハイライトボックス3・1」と自分の場合とを比較してみよう。本章では大学スポーツ選手が直面する問題を検討するにあたって、メアリーの例を随時引用する。

メアリーの場合

高校で優秀なバスケットボールの選手だったメアリーは、奨学金を受けて北東部の大学に入学した。大学キャンパスに到着し、他の新入生とともに寮の部屋割りを確認する長い列に加わった。入寮にかかわる登録の順番が回ってきたとき、部屋割り表とともにバスケットボールのアシスタントコーチからのメモを受け取った。メモには「大学へようこそ」というメッセージと、「学生課に行き、講義登録とスケジュールについて相談をするように」とあった。メアリーは部屋割り表にあった部屋に行き、ルームメイトに挨拶をした。このルームメイトもバスケットボールで奨学金を受けて入学した学生だった。

彼女はその日のうちに、学生課に行き、アシスタントコーチ兼学業アドバイザーに会った。まだ専攻を決めていなかったが、入学申込時には専攻の希望を体育学と書いていた。将来はバスケットボールのコーチ職に就きたかったし、そういったコーチの大半が体育学を担当していたからだ。アドバイザーが提案したスケジュールには、履修科目五科目のみが記されていた。きつすぎる場合は、四週間以内に履修を取り消してよいということだったので、メアリーは安心した。履修を取り消す場合には、夏期クラスで集中講義を受けるか、次の学期に講義を多く取るか、大学に五年間行くかしなければならない。しかし、彼女が受ける予定の講義はすべて午前中であり、午後は大抵自由だったため、きつすぎるということはないと思った。

数日後には講義が始まったが、メアリーはすぐにペースをつかむことができた。朝講義に出席し、お昼すぎに部屋で勉強した後バスケットボールの練習に参加。練習後はシャワーを浴びて夕食。夜は一年生が金曜日以外の毎晩二時間行かなければならない自習室に行った。しかし、他種目の新入生のスポーツ選手に会えるよい機会でもあったので、自習室に行くことは苦にならなかった。

メアリーは自分の故郷の隣町で育ったソフトボールチームの選手二人と仲良くなった。寮の同じ階に住んでいたし、スポーツや他の趣味も一致していた。他の寮生たちは、ファッションや遊びに夢中で、お小遣いもたくさんあるようだった。一方、メアリーはいつも古いジャージを着て、ソフトボールチームの友人たちとともに過ごすことが多かった。また、練習や勉強で、遊んでいる暇もなかった。

メアリーは、大学は高校とは違い、自分がそれほど人気者になれるとは思っていなかったが、バスケットボールのシーズンが始まれば少し状況が変わるかもしれないと考えていた。しかし、他の学生や教授の中にはスポーツ選手を嫌っており、頭が悪く甘やかされ放題の人間だと決めつけている者もいることがわかってきた。また、同じ寮に住む女子が、スポーツ選手は特権が多いのになぜ学費も払わなくていいのだと不平を言っているのを聞いた。メアリーは、スポーツ選手という理由だけで嫌われることに納得がいかなかった。

勉強は地道にやっていたが、十月半ばにあった中間試験のときには、すべての時間を勉強とレポートの研究に充てた。学業アドバイザーも時間の割り当て方と試験の対策に適切なアドバイスをしてくれた。その努力が実り、メアリーは試験でCが三つ、Bが二つという成績†を修め、英語のレポートも期限内に提出することができた。

しかし、バスケットボールに関しては、あまりうまくいかなかった。体調は万全だと考えていたのにもかかわらず、練習の後、全身の筋肉痛に悩まされるようになった。毎日午後三時半には体育館に来てテーピングをし、午後六時四十五分を過ぎるまで練習、七時から九時までの自習時間前のわずか十五分間で夕食をかきこむ、

†**Cが三つ、Bが二つという成績**
成績については、第一章十六ページ参照。

という生活は、疲労も激しかったが、すべてにおいてベストを尽くすよう努力した。だが、コーチにはいつも怒鳴られ、先輩たちはどこかしら冷たかった。そういった反応は、上手くなるための修業の一つとして課せられたものなのか、それとも単に嫌われているからなのか、メアリーにはわからなかった。彼女はチームの中で唯一都会育ちではなかったが、プレシーズンの練習試合の頃はチームメイトから歓迎されていると思っていた。そのうち、チームメイトのほとんどがカフェテリアでいつも過ごしていることに気がついた。メアリーはみなの集まるカフェテリアに出向き、一緒におしゃべりに加わるようになった。同じチームのメンバーとも仲良くなろうと努力をしたのだ。

シーズン当初、メアリーは控え選手で一試合当たり八分から十分間プレーするだけだった。先発メンバーになれるとは思っていなかったが、この状況はつらいものだった。しかし、十二月に先発の選手がけがをしたことから先発メンバーに選ばれ、メアリーは好プレーを見せた。シーズン終了時にはチームで二番目に得点の多い選手となり、またリバウンダーとしてはもう一名の選手とともにトップとなった。

こうしてメアリーの大学生活一年目は終わった。彼女にとってのもっとも重要な変化は、チームの中でプレーヤーとして一目置かれるようになったことと、チームメイトからようやく仲間として受け入れられるようになったことだろう。

メアリーは、［ハイライトボックス３・１］にある問題を克服して、大学生活に適応し、大学スポーツ選手として直面する大きな課題五項目のうち、最初の課題を解決したといえる。では、この点について考える前に、大学のサポート体制について説明しておこう。その後で、大学生活に順応するためのプランを考えることとする。

学業・スポーツのアドバイザー

全米の大半の大学では、大学スポーツ選手が学生として、そして選手として、より成長できるようにさまざまなサポート体制を整えている。規模の大きな大学では、学業アドバイザーによる特別なオリエンテーションプログラムや個人教授制度、勉強方法を教えるプログラム、キャリアカウンセリング†、私的なカウンセリングや学業面でのアドバイス、そしてライフスキル†開発といったさまざまなサポートをスポーツ選手に対して行っている。また、あまり規模の大きくない大学でも、学業面のアドバイスや個人教授を行う学業・スポーツのアドバイザーがおり、自習室の利用やライティングスキルのトレーニング、時間管理能力の開発といった学習面のサポートなどを受けることができる。大学スポーツ選手は、このようなサポート体制が整っているかについて調べることが大切である。

†キャリアカウンセリング
career counseling：専門家によるキャリア支援のこと。あらかじめ興味・関心に沿った職業の情報提供や必要な獲得スキルの情報を提供し、結果的にトランジションをスムーズにさせるように選手の自主的活動を促進・サポートする。

†ライフスキル
自分らしく生きるための技術。ＷＨＯ（世界保健機関）では、日常のさまざまな問題に健康的に対処するための必要な十のスキルとして、「意志決定」「問題解決」「創造的思考」「批判的思考」「効果的コミュニケーション」「対人関係」「自己意識」「共感性」「情動への対処」「ストレスへの対処」を挙げている。

Highlight Box3.1

—大学に順応するにあたってメアリーが直面した課題—

▼

○身体面

1．大学の練習レベルに必要な体力

2．いつも疲れていたため、休む時間も多く必要だった

○心理面

1．シーズンはじめはベンチ待ちの状態に慣れなければいけなかった

2．「もっと強くなれ」とコーチに怒鳴られた

3．スポーツ選手に対する偏見に対処しなければならなかった

○学業面

1．勉強のスケジュールを計画しなければならなかった

2．専攻を決めなければならなかった

3．勉強に遅れがないように努力しなければならなかった

○交友面

1．新しい友人をつくらなければならなかった

2．経済的、人種、文化など、バックグラウンドがさまざまに異なる友人との付き合いに適応しなければならなかった

3．チームメイトに仲間に入れてもらえる方法を考えなければならなかった

○その他

勉強、スポーツ、交友関係に割く時間のバランスの取り方を覚えなければならなかった

学業サポート課

大半の大学には、オリエンテーションプログラムや、ライティングセンター†、学習障害者向けのサポートカリキュラム、個人教授、その他の学業面のアドバイスといった、学生の学業に対するサポート体制が整備されている。大学スポーツ選手にとってすばらしいサポートであるが、アドバイスを求めるには、自ら積極的にそれぞれのプログラムについて調べる必要がある。

学生課

ほとんどの大学には、専門家が従事する学生課があり、学生向けにいろいろなサポートを提供している。学業面以外にも、寮やその他の住まい、学生活動、キャリアプランと職業紹介、奨学金などについて相談できる。学生であれば、誰でもこのようなサポートを受けることができる。

スポーツ医療課

スポーツ医療課を整えている大学も多い。専門医、理学療法士、トレーナー、カウンセラー、スポーツ心理学の専門家などが、選手たちのけがの予防や治療にあた

†**ライティングセンター**
各大学内にある読解力や文章能力などの発達を指導・サポートする機関。この機関の利用により、学生はより高度な大学教育を享受できることにつながる。

り、パフォーマンス向上をサポートする。当然のことながら専門家たちはスポーツ選手についての理解度が高く、そのニーズもよく把握しているため、よいサポート役となるだろう。

その他のサポート体制

右記の他に、教授や職員といった人々なども貴重なサポート役となるだろう。さらに、学生会やクラブ活動などに参加すれば、また新たなサポート情報を得られ、いろいろな学生と出会う機会も増えるだろう。

［ワークシート３・１］に大半の大学で利用できるいくつかのサポート活動を挙げた。毎年このリストから少なくとも四つの活動を選び、実行するように心がけよう。

大学におけるさまざまなサポート体制について把握できたところで、再びメアリーの直面した大学スポーツ選手の課題五項目のうち一つ目、「大学生活に順応する」ためのプランについて考えてみよう。まず、コーチ、先輩、親に、大学はどのようなところなのか聞いてみるのもよいだろう。また、第1章では、一つのトランジションにおいての経験は、将来直面する他のトランジションに対する準備ともなる、と学んだ。大学で直面する課題について考えるときは、あなたがこれまで利用して

Work Sheet3.1

次のサポート活動に参加した日付を記入しなさい。同じ活動に複数回参加してもよい。

▼

活動	日付
1．新入生オリエンテーションに参加	______
2．キャリアサービスオフィスの見学	______
3．キャリア情報グループセッションに参加	______
4．コンピュータを使ったキャリアカウンセリングに参加	______
5．個人キャリアカウンセリングに参加	______
6．就職活動の戦略ワークショップに参加	______
7．大学院合同説明会に参加	______
8．さまざまなキャリア分野のビデオを視聴	______
9．合同企業説明会に参加	______
10．図書館のキャリアに関する資料を検討	______
11．キャリアメンタリングプログラムに参加	______
12．キャリアに関する講演に出席	______
13．学業アドバイザーと面談	______
14．学業・スポーツアドバイザーと面談	______
15．キャリアインターンシップを完了	______
16．キャリア開発コースを受講	______
17．履歴書・カバーレターの書き方のワークショップに参加	______
18．キャリアサービスプレースメントに登録	______
19．キャリアに関して教授陣と面談	______
20．キャリアに関して卒業生と面談	______

（注）上記の項目は、アメリカのシステムであり、日本の大学では異なるキャリアサポートのシステムが用意されている。各大学の就職課やキャリアサポートセンターに問い合わせてみるとよい。

きた情報源や、すでに身につけてきたであろうその他の身体面・精神面のスキルを見極めることが大切である。［ハイライトボックス3・1］にあるように、メアリーは大学に順応する際、さまざまな問題に直面した。大学におけるトランジションに対して準備するために、［ワークシート3・2］に記入してみよう。

記入が終了したら、サポートチームの人々に自分の回答を見せてみよう。あなたが抱いている戸惑いや不安を他の人に知ってもらうことにより、よりよい情報やサポートを得られるかもしれない。

2. アイデンティティとキャリアの確立

第2章で、高校時代における課題の一つが「自分とはなにか」というアイデンティティを確立することだと述べた。

大学時代は、政治、宗教、社会面などさまざまなことに関心を持つことで、自分というものをさらに確立でき、またそれとともにキャリアの確立のできる時期である。よい判断をするには、適切な情報がなければならないということを、もう一度思い出そう。

C．それぞれの不安事項について、過去に使った有効な対応スキルのうち解決に役立つようなスキルを書きなさい。

○不安事項：____

○有効なスキル：____________________________________

D．それぞれの不安事項について、助けを得られるサポートチームの名前と、どのようなサポートが得られるかを書きなさい。１つの不安事項について複数のサポートチームがあることを念頭に置くように。

○不安事項：____

○サポートチームの名前	○サポートの種類
１．________	１．________
２．________	２．________
３．________	３．________
４．________	４．________
５．________	５．________
６．________	６．________

Work Sheet3.2

—大学入学における不安事項—

▼

A．大学生活に順応する際の不安事項を書きなさい。

○身体面

1．＿＿＿＿＿＿＿＿＿＿
2．＿＿＿＿＿＿＿＿＿＿
3．＿＿＿＿＿＿＿＿＿＿
4．＿＿＿＿＿＿＿＿＿＿
5．＿＿＿＿＿＿＿＿＿＿

○精神面

1．＿＿＿＿＿＿＿＿＿＿
2．＿＿＿＿＿＿＿＿＿＿
3．＿＿＿＿＿＿＿＿＿＿
4．＿＿＿＿＿＿＿＿＿＿
5．＿＿＿＿＿＿＿＿＿＿

○学業面

1．＿＿＿＿＿＿＿＿＿＿
2．＿＿＿＿＿＿＿＿＿＿
3．＿＿＿＿＿＿＿＿＿＿
4．＿＿＿＿＿＿＿＿＿＿
5．＿＿＿＿＿＿＿＿＿＿

○交友面

1．＿＿＿＿＿＿＿＿＿＿
2．＿＿＿＿＿＿＿＿＿＿
3．＿＿＿＿＿＿＿＿＿＿
4．＿＿＿＿＿＿＿＿＿＿
5．＿＿＿＿＿＿＿＿＿＿

○その他

1．＿＿＿＿＿＿＿＿＿＿＿＿＿＿＿＿＿＿＿＿
2．＿＿＿＿＿＿＿＿＿＿＿＿＿＿＿＿＿＿＿＿
3．＿＿＿＿＿＿＿＿＿＿＿＿＿＿＿＿＿＿＿＿
4．＿＿＿＿＿＿＿＿＿＿＿＿＿＿＿＿＿＿＿＿
5．＿＿＿＿＿＿＿＿＿＿＿＿＿＿＿＿＿＿＿＿

B．A．に記入した中で、お互いに関連している問題を○で囲みなさい。

アイデンティティや自分のキャリアの確立には二つのプロセスがある。まず一つ目は「探求行動」である。これは、適切な情報を得て、よい決定をしようとする行動である。大学での経験は、さまざまなキャリアにおける選択肢をはじめ、自分の関心事、価値観、文化、宗教、人、政治的見解、そしてその他多くの重要な問題について学ぶ機会を与えてくれる。学べるかどうかは、自分次第である。学ぼうと思わなければ、なにも吸収できない。学ぶには、自分で覚悟した上で努力しなければならないことを自覚しておこう。メアリーの例でいえば、彼女はスポーツ選手に対する偏見に直面し、またさまざまなバックグラウンドの学生が集まる環境に慣れるという新しい経験をした。その一方で、スポーツや勉強に忙しかったため、自ら積極的に他のキャリアを探求したり、スポーツ選手以外の友人と親しくなろうと努力しなかった。

大学で新しい友人に出会い、さまざまな新しいことを学んだら、第二のプロセスである「コミットメント†」の段階に入る。ある選択肢を選ぶときや、他の選択肢を選択しないときに、コミットメントが発生する。たとえば、心理学を専攻した場合、心理学にのみコミットメントをすることになる。もちろん永久に心理学以外に目を向けないわけではないが、大学時代は心理学にエネルギーを集中することを決定し、それが自分のアイデンティティの一部にもなるのである。

†コミットメント
なにかを決意してそれをやり続けること、周囲へ宣言することをやり遂げること、言ったことや約束したことを表す。多数の選択肢の中からそれを選んだことで、逆に自分に目標や義務感を与える、という自分への意識的・無意識的な圧力といった意味も含まれる。

とはいっても、探求行動やコミットメントをする前に、まず自分が本当にやりたいことはなにかということを考えなければならない。たとえば専攻を選ぶ場合、たんに高校で得意な科目だったから、あるいはルームメイトが同じ専攻だから、といった理由で選ぶのは楽かもしれない。しかし、自分の価値観、ニーズ、興味、スキルを探求する時間を設け、時間をかけて探求していけば、成功や満足度につながる可能性はより高くなるだろう。自分が関心のある専攻を選べばよい成績につながるということは、誰の目にも明らかなのである。

しかし、大半の大学スポーツ選手は、将来のキャリアのための探求行動に必要な時間やエネルギーを十分に持っていないものである。時間を効率的に使う方法については、本章の「4. スポーツ、学業、交友関係のバランス」の節で説明し、自分自身とキャリアに関する探求行動については、第2部でさらに詳しく述べることにする。ここでは、自分自身とキャリアの可能性について、適切な情報を得た上で選択肢を広げ、その理解が深まるほど、勉強やスポーツ、そして個人的な目標を達成できるよい選択を行えるということを覚えておこう。

まず最初に直面する決定の一つが大学での専攻の選択である。

3. 専攻の選択

大学で自分の専攻や将来のキャリアの道を選択することにプレッシャーを感じることもあるだろう。「卒業したらどうするのか」という質問を嫌というほど受け、その重圧から逃れるために、なにかにすぐコミットメントをする方が楽だと考えるかもしれない。しかし、急いで結論を出そうとすると、正しい選択ができない危険性がある。コミットメントの前にできるだけ多くの情報を得て、探求行動をすることにより、適切な専攻を選ぶことができ、自分のアイデンティティを確立できる可能性が高くなるだろう。

大学の多くが、最初の一、二年は専攻を決めなくてもよいという制度をとっており、一般教養課程で講義を受けながら、さまざまな選択肢を模索することができる。適切な情報が多いほど、適切な決定ができる可能性も高くなる。専攻の正しい選択が、よい成績を修めるため、そして将来のキャリアのための大きな意味を持つにもかかわらず、大学スポーツ選手の多くが、自分の価値観やニーズ、興味、スキル、あるいはいろいろなキャリアの可能性を探求せずに専攻を決定してしまう。ある大学スポーツ選手二人の声を聞いてみよう。

「大学に入ったとき、自分がやっているスポーツであるソフトボールのプログラムについてはよく理解していたが、講義や専攻のことはあまり考えていなかった。専攻をなににするか決めるとき、高校で得意だったので英語にしたのだが、それが将来どんな仕事に結び付くかについては、全然考えなかった」

「なんとなく周りの流れに身をまかせて、ルームメイトと同じ教育課程の講義を選んだ。チームメイトの何人かも一緒の講義を受けていたし、一緒に勉強して助け合えると思ったからだ。しかし、将来についてはとくに考えていなかった。四年生になった今、自分が本当に教師になりたいのかどうかわからない。でも違う道に進むにはもう遅すぎる」

どちらの例も、探求行動に取りかからないまま重要な選択をしてしまったケースである。スポーツや勉強、交友関係に忙しく、なかなかゆっくりと考えられないかもしれない。しかし、少しの時間を割いて、大学が提供するたくさんの可能性を模索すれば、専攻や将来のキャリアに関して、より適切な選択ができるだろう。

例に登場したメアリーも、専攻に関してあまり考えもせずに結論を出していた。コーチ職に就きたいという理由だけで専攻に体育学を選んだが、体育学自体やその後の進路としてどんな職業があるのかについてはほとんど知識がなかった。のちに、メアリーは、二年生の体育学での必修科目であるたくさんの科学の講義に不満を持つこととなる。科学には興味がなかったため、勉強に苦労したのだ。そこで、進路†

†**進路相談室**
日本の大学での就職課、キャリアセンター、キャリア支援室などにあたる。

相談室で数多くの診断テストを受け、カウンセラーにも相談したところ、本当に興味があるのは「芸術」と「人を助けること」であるということがわかった。結局、アートセラピー†課程に移り、心理学を副専攻にしたのだった。

前述のように、一、二年生のときには専攻を決定しなくてよい大学も多いが、いずれにせよ、三年生までに専攻を決めなければならないのはどの大学でも同じであろう。大学スポーツ選手としての待遇を受けたい場合には、NCAAの規定を満たす必要があるため、慎重に専攻を選ぶ必要がある。NCAAは、大学スポーツ選手が簡単な講義のみを選択することができないよう規定を設けている。また、学内の学業・スポーツアドバイザーは、担当している学生が学位取得に向けて満足の行くような進歩をとげているかどうかを監督している。つまり、ある専攻に必要な講義を受け、その学位に向けて進歩が認められなければならないのである。

繰り返すが、専攻を決める前には、自分の興味、価値観、ニーズ、スキルを知ること、そしてそれにあったさまざまな選択肢を知ることが大切なのである。メアリーの場合、そもそも体育教師やコーチという職業についてまったく知識がないまま漠然とコーチになりたいと考え、コーチになるには体育学しかない、とすぐに結論を出してしまった。このような重要な決定をする前に、探求行動が必要だったことは明らかである。

†アートセラピー
Art Therapy：芸術活動（絵画、彫刻、舞踊、演劇、音楽など）を通して、精神疾患や心と体の病を治療すること。芸術療法。

スポーツ選手の中には、スポーツに関するキャリアについてはよく知っていても、スポーツ関連以外の分野に、どのようなキャリアがあるかを理解している人は少ない。［ワークシート3・3］で、自分の知識を試してみよう。

［ワークシート3・3］に記入してみて、スポーツ関連のキャリアについてあまり知識がないとわかったとしても、あなたが特別例外ということはない。スポーツに長年かかわってきたとしても、スポーツの分野にどんな仕事があるかは知らなくても当然である。第2部では、キャリア探求に関する選択肢について紹介している。探求に時間を割き、どんなキャリアがあるかを知っておけば、大学で専攻を選択する際にさらに有意義な決定を行うことができるだろう。

では、専攻を選ぶための第一歩として、［ワークシート3・3］に記入したスポーツ関係の仕事

Work Sheet3.3

—スポーツ関係のキャリア—

▼

A．スポーツに関連するキャリアを思いつく限り書きなさい。

B．A.の中で、さらに調べたいと思うものを下に書きなさい。

について調べてみよう。たとえば、スポーツ心理学やスポーツ器具デザインについて知りたい場合、進路カウンセラーに相談したり、『職業ハンドブック』†や『職業名辞典』などで調べてもよいだろう。そうすれば、その仕事の詳細について、あるいはその仕事に就くにはどのような専攻やトレーニングが必要なのかを理解できるだろう。

次に、大学の専攻の種類について見てみよう。わずかな選択肢しかなかった高校とは異なり、大学にはさまざまな専攻があり、専攻と副専攻にしたがって必修科目をとらなければならない。また、選択科目と呼ばれる他の講義もある。［ワークシート3・4］の専攻科目リストで、専攻について考えてみよう。

このリストは、すぐに専攻を決めるのではなく、まず興味を引く専攻科目を明らかにするという目的で見てみよう。「3」(たいへん興味がある)、または「☆」(この専攻についてはよく知らないが調べてみたい)と記した専攻については進路カウンセラーなどに相談したり、付録に挙げた文献などを参照してみるとよい。

スポーツに関係する専攻を検討することにより、キャリア選択に必要なキャリア探求を学ぶことができる。あるキャリア分野に対しての準備になるような専攻科目を選択するためには、キャリア情報を集める必要がある。その方法については、第6章で紹介する。

†『職業ハンドブック』『職業名事典』第二章五十五ページ参照。

Work Sheet3.4

―スポーツ選手のための大学専攻科目リスト―

下記の専攻科目に対する関心度に点数をつけなさい。
3＝大変興味がある　　2＝まあまあ興味がある
1＝少しだけ興味がある　　×＝まったく興味がない
☆＝この専攻についてはよく知らないが、調べてみたい

▼

＿＿＿ 農学
＿＿＿ 動物科学
＿＿＿ 食物科学
＿＿＿ 自然保護学
＿＿＿ 天然資源学
＿＿＿ 建築学
＿＿＿ 環境デザイン学
＿＿＿ 国文学
＿＿＿ 国際研究
＿＿＿ ビジネス管理
＿＿＿ 金融・財政
＿＿＿ マーケティング
＿＿＿ コミュニケーション
＿＿＿ ジャーナリズム
＿＿＿ 広告
＿＿＿ 放送
＿＿＿ 広報
＿＿＿ コンピュータサイエンス
＿＿＿ 教育
＿＿＿ 特別学級教育
＿＿＿ 保健教育
＿＿＿ 体育学
＿＿＿ ファッションデザイン
＿＿＿ 法律学
＿＿＿ 法律アシスタント
＿＿＿ 英語
＿＿＿ 比較文学
＿＿＿ 生物学
＿＿＿ 植物学
＿＿＿ 環境学
＿＿＿ 数学
＿＿＿ 軍事科学
＿＿＿ 女性学
＿＿＿ 公園・リクリエーション管理
＿＿＿ 哲学
＿＿＿ 宗教
＿＿＿ 天文学
＿＿＿ 化学

______ 地学	______ 食品科学
______ 物理学	______ 栄養学
______ エンジニアリング	______ 繊維工学
______ 外国語	______ 心理学
______ 医療技術	______ 犯罪学
______ 歯科衛生	______ 法規制
______ 放射線学	______ 行政学
______ アートセラピー	______ ソーシャルワーク
______ 職業療法	______ 社会学
______ 理学療法	______ 人類学
______ 呼吸器療法	______ 考古学
______ 言語病理学・聴覚科学	______ 経済学
______ ヘルスケア管理	______ 地理学
______ スポーツ医学	______ 史学
______ アスレチックトレーニング	______ 都市研究
______ 看護学	______ 視覚芸術・舞台芸術
______ 医学	______ グラフィックデザイン
______ 歯学	______ 演劇芸術
______ 獣医学	______ ダンス
______ 薬学	______ 芸術
______ 家庭科学	______ 音楽

4. スポーツ、学業、交友関係のバランス

大学生活の第四の課題は、「スポーツ、学業、交友関係のバランス」をとることだ。これは、キャリアプランや人生設計には直接関係ないようにも思えるが、大学だけでなく人生で成功するために必要な、大切なスキルである。大学に順応する際に直面するさまざまな問題の中でも、学業と私生活のバランスをどのようにとるかは悩むところだろう。練習や試合の後、勉強するために十分な時間はあるのだろうか。大学生活は勉強ばかりで遊ぶ時間はないのだろうか。誰からも監督されずに、勉強をすることができるのだろうか。一方で、試験の勉強などに追われたときにパニックになったりしないだろうか。あるいは、スポーツや勉強はすべてうまくいっても、交友関係に悩み、友人は誰もいないように感じたりはしないだろうか。

時間を効率的に管理するスキルは、大学生活と将来のキャリアにおいてもっとも重要だといえる。なんらかの作業を効率よく進められるためだけでなく、きちんと時間管理することで大学生活を十分楽しみ、一生続くような人間関係を築くことにもつながる。自分のための時間、くつろぐ時間、友人との時間、ただ楽しむ時間などが、大学生活においては大切な部分となるだろう。「大学生活は人生最高のときだ」という言葉を聞いたことがあるのではないだろうか。時間をいかに管理するか

によって、この言葉通りになるかどうかが決まるだろう。このスキルの習得によって、大学やその後の人生でのいろいろな課題や役割のバランスがうまくとれるようになる。

では、効率的な時間管理のためのテクニックやスキルを学んでいこう。このテクニックには、パターン化(Patterning)、優先化(Prioritizing)、プランニング(Planning)、準備(Preparing)、パーソナライズ†(Personalizing)――これらの英語の頭文字をとって五つの「P」と呼ばれている――がある。これらを学び、使えるように、それぞれワークシートを用意した。

最初のテクニックは「パターン化」だ。これは、なんらかの課題に使う時間を考えることを意味する。たとえば一週間に自由な時間がどれだけあるかを見極めることができるようになり、そのパターンや構造を見ることによって、時間管理を効率化することができる。

大学では教室で過ごす時間が高校時代よりは少ないため、それだけ自由時間が増えたように感じるかもしれない。しかし大学の課程は講義以外の勉強時間が多く、その他の活動も時間のかかるものが少なくない。

実際にどれだけの時間があるか考えるために、「ワークシート3・5」で、自分の週ごとのパターンを見直してみよう。このワークシートは、平均的な大学スポー

†**パーソナライズ**
各個人に合わせること、特定の個人に対してのもの、などの意。一人ひとりの個性や状況、属性に合わせて、ものごとをその人独自に最適化、認識することを意味する。

Work Sheet3.5

—大学生活の活動—

▼

○毎週の活動（必須）：
例．講義、練習、ミーティング、トレーニング、アルバイト

活動	時間／週

○個人的かつ習慣的な活動（時間は自由だが必要な活動）：
例．健康管理、睡眠、食事、宿題、家事

活動	時間／週

○趣味（習慣的に行うが義務ではないもの）：
例．ショッピング、友人と過ごす、インターネット、電話でのおしゃべり、読書、テレビ、コンパやスポーツイベントへの参加

活動	時間／週

○ときどきする活動（一回ごとに時間がかかるが、たまにしか行わない活動）：例．ボランティア活動、特別な行事

活動	時間／週

○全活動にかかる週当りの合計時間：＿＿＿＿

ツ選手の課題や活動を想定したものである。

一週間は一六八時間である。合計時間が一六八時間以上になった場合、調整しなければならない。どの活動をあきらめるべきか答えを出すには、計画性をもって「優先化」をはかるべきである。

二番目のテクニックである「優先化」とは、現在の生活でもっとも重要なことはなにか、あるいはなにが必要なのかを考えることである。時間管理プランで、まず週ごとまたは曜日ごとに優先順位の高い活動を考えて記入し、その後でその他の活動や重要性のより低い活動を書き加えよう。この［ワークシート3・6］に、もっとも重要な活動を週ごとに記入することで、時間管理ができるようになる。これによって、三番目のテクニックである「プランニング」を同時に身につけることができるであろう。

ここまでで「パターン化」と「優先化」、「プランニング」を学ぶことができたと思う。そこで、四番目のテクニックである、「準備」を学ぶ。大学生はみな学期ごとに計画を立てるものだが、大学スポーツ選手は†スポーツ面で多忙になる時期がある。その時期と中間試験や期末試験の時期とが重なる場合もあり、時間管理はさらに難しくなる。また、交友関係にも時間を割きたいだろう。［ワークシート3・7］に、一年のうちもっとも忙しい、つまり「タイムプレッシャーのかかる」時期を記

†スポーツで多忙になる時期 ここでは米国の場合。日本では年度の始まりと終わりが異なるため、年度末の二、三月に該当すると考えられる。しかし、種目によってシーズンは大きく異なる。

Work Sheet3.6

—スポーツ選手のための時間管理—

▼

○週ごとの計画

今週の最優先事項
1．＿＿＿＿＿＿＿＿
2．＿＿＿＿＿＿＿＿
3．＿＿＿＿＿＿＿＿

その他（優先順）
1．＿＿＿＿＿＿＿＿
2．＿＿＿＿＿＿＿＿
3．＿＿＿＿＿＿＿＿

月曜日（午前）　（午後）

火曜日（午前）　（午後）

水曜日（午前）　（午後）

木曜日（午前）　（午後）

金曜日（午前）　（午後）

土曜日（午前）　（午後）

日曜日（午前）　（午後）

入しよう。表にすることにより、その時期の時間管理に役立てることができる。

学業面の計画に関しては、各講義のシラバスをよく読み、プロジェクトやレポートなどの提出日をチェックしよう。また各試験日や中間・期末試験の期間を確認しよう。もし、家族の行事や家族が集まる祝祭日などがあるならば、カレンダーに書いておこう。

忙しい時期がどの月なのか把握したところで、時間管理の五番目のテクニックである「パーソナライズ」を使って計画を立ててみよう。まず、自由な時間

Work Sheet3.7

—タイムプレッシャー表—

学業、スポーツ、個人・社交面について、プレッシャーの度合いをカレンダーに記入しなさい。
「+++」 もっとも忙しく、タイムプレッシャーを感じる時期に使いなさい。
「---」 時間に余裕があり、タイムプレッシャーを感じない時期に使いなさい。

▼

例．メアリーのタイムプレッシャー：

	8月	9月	10月	11月	12月	1月	2月	3月	4月	5月	6月	7月
学　業		- - -	- ++	- - -	++	-	- - -	++ -	- - -	- ++		
スポーツ		- - -	+++	- - -	- +	- -	++ -	++				
個人・交友面				+	++	+						

○自分の学業、スポーツ、個人・社交面について、タイムプレッシャーを記入しなさい。

	3月	4月	5月	6月	7月	8月	9月	10月	11月	12月	1月	2月
学　業												
スポーツ												
個人・交友面												

をとることができる比較的暇な時期を見つけ、自由になる時間のパターン（年間スケジュール）をつかむのである。当然のことながら、自分と同じ年間スケジュールを持つ人などいない。チームメイトであっても、専攻が違えばスケジュールも異なるだろう次のワークシートは、もっとも忙しい時期に対応する戦略を立てるためのものである。

［ワークシート３・７］のタイムプレッシャーの表を記入してみると、スポーツで忙しい時期と学業で忙しい時期が重なっていることがあるかもしれない。たとえば野球選手の場合、期末試験や期末レポートがプレーオフやトーナメントの時期と同じ頃だろう（米国の例）。しかし、二月はスポーツ面・学業面のどちらも比較的落ちつく時期である。もっとも多忙な時期の準備には、このような比較的余裕のある時期を利用するのである。

次に［ワークシート３・８］に暇な時期を記入し、その時期に準備できる事項についても記入してみよう。本章の例やワークシートなどからもわかるように、スポーツ、学業、交友関係のバランスをとるのは容易ではない。しかし、優先事項を把握してスケジュールを立て準備すれば、よいのである。本章のワークシートを使って、計画を立ててみよう。また、スポーツ学生課の学業アドバイザーからも時間管理の面でなんらかのアドバイスが得られるだろう。これらを活用すれば、大学は真

Work Sheet3.8

—暇な時期を使う—

▼

○比較的暇な時期	○もっとも忙しい時期
1 月＿＿＿＿＿＿＿＿	1 月＿＿＿＿＿＿＿＿
2 月＿＿＿＿＿＿＿＿	2 月＿＿＿＿＿＿＿＿
3 月＿＿＿＿＿＿＿＿	3 月＿＿＿＿＿＿＿＿
4 月＿＿＿＿＿＿＿＿	4 月＿＿＿＿＿＿＿＿
5 月＿＿＿＿＿＿＿＿	5 月＿＿＿＿＿＿＿＿
6 月＿＿＿＿＿＿＿＿	6 月＿＿＿＿＿＿＿＿
7 月＿＿＿＿＿＿＿＿	7 月＿＿＿＿＿＿＿＿
8 月＿＿＿＿＿＿＿＿	8 月＿＿＿＿＿＿＿＿
9 月＿＿＿＿＿＿＿＿	9 月＿＿＿＿＿＿＿＿
10月＿＿＿＿＿＿＿＿	10月＿＿＿＿＿＿＿＿
11月＿＿＿＿＿＿＿＿	11月＿＿＿＿＿＿＿＿
12月＿＿＿＿＿＿＿＿	12月＿＿＿＿＿＿＿＿

○暇な時期にできる準備事項

＿＿＿＿　講義の予習のために教科書を読む

＿＿＿＿　課題レポートの準備をする

＿＿＿＿　部屋、机などを整理整頓する

＿＿＿＿　体力維持・体調管理に時間を充てる

＿＿＿＿　家族や友人に会う

＿＿＿＿　自分のスケジュールに関して教授と話す

＿＿＿＿　期末レポートにとりかかる

＿＿＿＿　洋服、ユニフォーム、プレゼントなどを買っておく

＿＿＿＿　アドバイザーに会う

＿＿＿＿　次の学期の計画を立てる

＿＿＿＿　時間管理プランをつくる

の意味で人生最高の時期になるだろう。もちろん、――残念なことに楽しいことには終わりがあり――、大学卒業後は、それ以降の生活に直面しなければならないのだが……。

5. 卒業後の人生への準備

大多数の大学スポーツ選手にとって、大学卒業は競技スポーツ人生の終わりを意味するかもしれない。プロスポーツへと進めるのは、ほんの一握りの選手†しかいないからである。プロスポーツに進むケースに関しては次章で述べることとして、それ以外のスポーツ選手は実力が足りなかったか、プロリーグのないスポーツに従事していたため、プロに進むチャンスがなかったのであろう。いずれにせよ、心構えさえしておけば、スポーツからの引退というトランジションもスムーズに迎えることはできる。

まず、大学卒業後の自分を想像してみよう。交友関係やスポーツ、家族との関係、経済的な状況、日常生活はどう変わるだろうか。おそらく、大学卒業というものが高校入学や大学入学のときとはまた別の種類のトランジションだということがわか

†ほんの一握りの選手
大卒のプロ選手について二〇〇四年度に大学を卒業した中で、Ｊリーグのチームとプロ契約できたのは、三十七名、プロ野球では二十八名しかいない。

るだろう。初めて、スポーツが中心でない生活をしなければならないのである。

この変化にスムーズに対応できるスポーツ選手は、すでにスポーツの目標をある程度達成し、他に夢中になれる対象のある人の場合が多い。大学時代にスポーツ中心の生活を送りつつも、他の活動や学業面での興味や達成があり、卒業後には、スポーツではなく他の関心を優先させた例だ。大学院に進んだ元バレーボール選手は次のように語っている。

「大学に行ったのはバレーボールをしたかったからだ。バレーボールに夢中だったし、エネルギーのほとんどをバレーボールに費やした。でも一方で、専攻のリハビリテーションについても勉強していたし、おもしろさも感じていた。ときにバレーボールを懐かしく思うかもしれないが、大学院にいる現在は学業が最優先だ。もちろん学内でバレーボールの試合があれば、一生懸命やるが、以前のようにそれが人生のすべてではない」

スポーツ以外のものに興味や関心を持たなかったスポーツ選手の場合は、スポーツのキャリアが終わっても、そう簡単に新しい生活に慣れることはできないだろう。たとえば、大学の四年間、ある職業に就くために勉強したにもかかわらず、その職業がコンピュータに一瞬にしてとって代わられるというような状況を想像してみよう。突然、今まで目標・目的としてきたもの自体がなくなれば、まるでだまされ、行く先を失ったような気分になるだろう。スポーツ選手の場合も同様である。時間やエネルギーのすべてをスポーツに注いでいた場合、なんらかの理由で急にそのスポーツができなくなれば、すぐに対処する気力や方法などないのではないだろうか。

大学卒業後にプロになれる希望があったとしても、万が一のことを考えて代替案も立てておいた方がよいだろう。代替案は、キャリアが終わるようなけがをしたときや、プロとして選ばれなかったようなときにも役に立つ。プロになれたとしても、大半のスポーツでは若くして引退を余儀なくされるため、他のキャリアを探す際にも活かせるだろう。万が一のためのプランを練っておくことは、スポーツのキャリアが終わってしまったときのトランジションを楽にすることもできるのである。

また、大学やプロスポーツという目的に向かって努力しつつも代替案を立てることは、スポーツ以外のまた新たな道を開くことになるかもしれない。スポーツほど満足できるようなものではないかもしれないが、同じような興味や恩恵を与えてくれるもの、つまり将来のキャリアにつながるなにかが見つかるという可能性もある。

［ワークシート３・９］を使って、代替案を立ててみよう。

大学卒業を控えて、スポーツが中心でなくなる生活を想像してみよう。大学卒業とはまさにトランジションである。私たちは第１章ですでにトランジションの対応方法を学んできた。次の［ワークシート３・10］を使って、「大学卒業」というト

Work Sheet3.9

—代替案を立てる—

▼

A. 大学スポーツ選手として、自分のスポーツに関して楽しめたこととそうでないことについて考えてみよう。下記にポジティブな面とネガティブな面を記入しなさい。

○ポジティブな面	○ネガティブな面

B. 上記の「ポジティブな面」のうち、スポーツ以外のキャリアで自分に必要だと思う項目に○をつけなさい。

C. 上記の「ネガティブな面」のうち、スポーツ以外のキャリアで自分には耐えられないと思う項目に○をつけなさい。

D. リストのうち、Bで○をつけた項目をなるべく多く含み、Cで○をつけた項目はなるべく少ないようなキャリアを選ぶことが望ましい。自分の代替案に一番合ったキャリアを見つける方法については、第6章「キャリア探求」を参照しなさい。

Work Sheet3.10

—大学卒業に対する戦略—

▼

A．卒業後の人生に関する不安事項を書きなさい。

○身体面

1．＿＿＿＿＿＿＿＿
2．＿＿＿＿＿＿＿＿
3．＿＿＿＿＿＿＿＿
4．＿＿＿＿＿＿＿＿
5．＿＿＿＿＿＿＿＿

○精神面

1．＿＿＿＿＿＿＿＿
2．＿＿＿＿＿＿＿＿
3．＿＿＿＿＿＿＿＿
4．＿＿＿＿＿＿＿＿
5．＿＿＿＿＿＿＿＿

○学業面

1．＿＿＿＿＿＿＿＿
2．＿＿＿＿＿＿＿＿
3．＿＿＿＿＿＿＿＿
4．＿＿＿＿＿＿＿＿
5．＿＿＿＿＿＿＿＿

○交友面

1．＿＿＿＿＿＿＿＿
2．＿＿＿＿＿＿＿＿
3．＿＿＿＿＿＿＿＿
4．＿＿＿＿＿＿＿＿
5．＿＿＿＿＿＿＿＿

その他

1．＿＿＿＿＿＿＿＿＿＿＿＿＿＿＿＿
2．＿＿＿＿＿＿＿＿＿＿＿＿＿＿＿＿
3．＿＿＿＿＿＿＿＿＿＿＿＿＿＿＿＿
4．＿＿＿＿＿＿＿＿＿＿＿＿＿＿＿＿
5．＿＿＿＿＿＿＿＿＿＿＿＿＿＿＿＿

B．Aに記入した中で、お互いに関連している項目に○をつけなさい。

C．各項目に関して、過去に使ったスキルのうち対応に使えるようなポジティブな対応スキルを書きなさい。

○項目：＿＿＿＿＿＿＿＿＿＿＿＿＿＿＿＿＿＿＿＿
＿＿＿＿＿＿＿＿＿＿＿＿＿＿＿＿＿＿＿＿

○スキル：＿＿＿＿＿＿＿＿＿＿＿＿＿＿＿＿＿＿＿
＿＿＿＿＿＿＿＿＿＿＿＿＿＿＿＿＿＿＿

D．各項目に関して、サポートを与えてくれる人の名前と、その人からどのようなサポートが得られるか書きなさい。各項目に関して複数の人の名前を書いてもよい。

○項目：＿＿＿＿＿＿＿＿＿＿＿＿＿＿＿＿＿＿＿＿

○サポートを与えてくれる人：	○サポートの種類：
1．＿＿＿＿＿＿＿＿	1．＿＿＿＿＿＿＿＿
2．＿＿＿＿＿＿＿＿	2．＿＿＿＿＿＿＿＿
3．＿＿＿＿＿＿＿＿	3．＿＿＿＿＿＿＿＿
4．＿＿＿＿＿＿＿＿	4．＿＿＿＿＿＿＿＿
5．＿＿＿＿＿＿＿＿	5．＿＿＿＿＿＿＿＿
6．＿＿＿＿＿＿＿＿	6．＿＿＿＿＿＿＿＿
7．＿＿＿＿＿＿＿＿	7．＿＿＿＿＿＿＿＿
8．＿＿＿＿＿＿＿＿	8．＿＿＿＿＿＿＿＿

ランジションに対する戦略を改めて考えてみよう。

第5章の「自己探求」では、ポジティブに対応するスキルを見極め、サポートチームを常に新しくする方法を紹介する。将来のトランジションに備えるために、第5章で学ぶことをトランジションへの戦略に追加してみるとよいだろう。

6. 本章のまとめ

大学時代は人生の中でも非常にエキサイティングな時期だが大変でもある。大学スポーツ選手が直面する課題に対するには、状況に応じてのさまざまな対応と、たくさんのサポートが必要になる。

本章では次の事項を学んだ。

1. スポーツ選手としてスムーズに大学生活に順応するには、さまざまな対応スキルが必要である。
2. 大学時代には、個人としてのアイデンティティ、およびキャリア上のアイデンティティに関する多くの決定をしなければならない。

3. 探求行動は、自分について学ぶために重要である。
4. 大学では新しいサポートチームが必要になる。
5. 在学中でもっとも大切なことは将来のキャリアを見据えての専攻を決めることである。
6. スポーツ、学業、交友関係のバランスをとるには、計画やサポートが必要である。
7. 在学中から卒業後の人生に対する心構えが必要である。

第4章　プロ選手・一流選手のトランジション

トップレベルのスポーツ選手は、スポットライトを浴びることに慣れている。世界中の何十億という人々がオリンピックを鑑賞し、毎年推計一億人がスーパーボウル†を見るのである。だが、スポットライトが消え、観客がいなくなった後、スポーツ選手はどうなるのだろうか。超一流のスポーツ選手でも、十年以上トップの座に居続けるということはない。檜舞台で活躍できなくなったとき、スポーツ選手の身にはなにが起きるのだろうか。

元NFL†プレーヤーのギリアム†とターケントン†の例は、非常に対照的だ。

ギリアムは一九七二年にピッツバーグ・スティーラーズからドラフトされたスター選手である。わずか二年後、初の黒人クオーターバックとしてレギュラーシーズンの先発メンバーとなり、対ボルチモア・コルツ戦のオープニングゲームにおいて三〇対〇でチームの勝利に貢献した。さらにミネソタ・バイキングスを負かしてス

†スーパーボウル
Super Bowl：NFLの二つのカンファレンスである、AFL（アメリカンフットボールカンファレンス）とNFC（ナショナルフットボールカンファレンス）の各優勝チームで争われる、NFLチャンピオンチーム決定戦。毎年一月の第四日曜日（通称「スーパー・サンデー」）に行われる。テレビでの視聴率は四〇%を越え、米国国民の二人に一人が生で観戦しているという、スポーツイベントの枠を越えた米国文化の一つ。（スーパーボウル公式サイト http://www.superbowl.com/）

†NFL
National Football League：アメリカプロフットボールリーグの略。一九二〇年に創立され、現在アメリカ国内にある三十二チームが所属。華やかなパスプレーやタックル、

ーパーボウルにチームを導き、表彰を受けた。これがスティーラーズ時代に獲得した二つのスーパーボウル・リング†のうちの最初であった。

しかし、その後次々と問題を起こし、それが彼のキャリアの終焉に結び付いた。一九七六年にニューオリンズ・セインツに移籍したが、ルール違反でチームを解雇された。新しいリーグでのカムバックを試みたが、うまくいくことはなかった。そして、ドラッグの問題が明るみに出て、薬物所持で逮捕された。一九九一年にはレストラン強盗事件で再び逮捕された。結局、ギリアムのスポーツ以外のキャリアは、薬物リハビリのカウンセラーを勧めたときだけだった。現在彼は、故郷のテネシー州ナッシュビルでホームレスとして暮らしている。仕事はなく、未来も暗い。一九九六年のスーパーボウルの前にインタビューを受けた。彼は次のように語っている。

「毎日その日のことだけを考えて暮らしている。それで精一杯だ。」

ギリアムと同じくクオーターバックだったターケントンは、一九七八年に引退するまでミネソタ・バイキングスで十八年間プレーした。優勝こそ果たせなかったがチームをスーパーボウルに三回導き、殿堂入り†を果たしている。彼は現役時代からフットボール以外のキャリア開発に努め、現役のスター選手として活躍しながら、コカ・コーラ社で何年も広報代表を勤めていた。管理職のトレーニングを受けた後、自分の保険会社を立ち上げ、引退後は、ソフトウェアの会社を立ち上げた。しかし、

フルスピードで展開される試合には、頭脳戦や劇的な逆転など数々のドラマがあり、スポーツ大国米国の中でも圧倒的人気を誇る。（NFL公式サイト　http://www.nfl.com/　日本語公式サイト　http://www.nfljapan.co.jp/）

†ジョー・ギリアム
Joe Gilliam：人物紹介は本文参照。

†フラン・ターケントン
Fran Tarkenton：人物紹介は本文参照。

†スーパーボウル・リング
スーパーボウル優勝チームの選手、コーチ、スタッフだけが手にできる名誉の指輪。デザインはチームに一任され、その作製費は一億円を超えることも珍しくない。なお、優勝トロフィーは「ヴィンス・ロンバルディー・トロフィー」と呼ばれ、ティファニー社が作製。

その道のりは決して楽ではなかった、と彼は語っている。

「周りの人間はこう言うんだ。『君はラッキーだ。フットボールのスターで、そして会社もたくさん立ち上げて』と。フットボールでは確かにラッキーだったが、ソフトウェア会社の設立に役に立ったとはいえない。資本金を借りようと銀行に行っても、一セントも貸してもらえず、結局自腹の三百万ドルを設立資金にしたんだ。現役時代に一番稼いだときだって年収二十五万ドルだったのに」

彼のソフトウエア会社は成功をおさめ、一九八六年に他社と合併、ノレッジウェア社となった。ターケントンの持ち株は二百万ドルという高値で売れたのである。だが、事業の経営というものはフットボールと同様に浮き沈みの激しいものである。一九九一年にノレッジウェア社の株は急落、彼は最高責任者として、株主が起こした訴訟の標的となった。一九九四年にはノレッジウェア社はライバル会社に吸収され、ターケントンは仕事を失った。しかし彼は、この逆境にもめげることはなかった。

「フットボールとビジネスを通して学んだことがある。それは、挫折や失敗（そもそも世界中の人の前でスーパーボウルに三回負けるほどの挫折はないものだ）の後はネガティブなエネルギーをポジティブなエネルギーに変えることが最善の策だということだ」

†殿堂入り
あるスポーツ種目において大きな功績をあげた選手やコーチ、関係者などを讃えるための顕彰。
NFLの場合、一九六三年に設立され、オハイオ州キャントンにその建物がある。毎年三十六名からなる選考委員会の投票により選出され、シーズン前に殿堂入りセレモニーが行われる。（NFL殿堂公式サイト http://www.pro-footballhof.com/）

ターケントンは現在、零細企業に対してのインターネットビジネスを手助けするビジネスを立ち上げる準備中で、忙しい毎日を送っている。

1. 一流選手のキャリアプラン

さて、この二人の違いはどこにあるのだろうか。なぜ、あるスポーツ選手は引退後も成功し、あるスポーツ選手は壁にぶつかり続けるのか。これには一つ、重要な要素が考えられる。本書ですでに何度か繰り返してきたが、「効果的なライフスキル†を持つスポーツ選手は、スポーツ以外のキャリアに対応する力も優れている」という点だ。目標を設定し、キャリアプランを立て、さまざまな選択肢を考え、集団の中でうまくやっていけるようなモチベーションの高いスポーツ選手は、新しい環境でもキャリアを確立できる可能性が高いのである。

では一流スポーツ選手の場合、必ず訪れる引退の後の人生に必要なライフスキルをどのように構築すればよいのだろうか。我々が一流スポーツ選手とのキャリアカウンセリング†を通して得たアイデアを紹介しよう。

†**ライフスキル**
第三章八十四ページ参照。

†**キャリアカウンセリング**
第三章八十四ページ参照。

キャリアプランを今始めよう

現役時代からキャリアプランを立てることは、一流スポーツ選手にとってはそう簡単なものではない。スポーツからのプレッシャーが大きく、キャリアプランにかける時間などない、と思う選手も多いに違いない。そしておそらく、周囲の人からはさまざまな助言やアドバイス、意見を受けるだろう。チームのオーナーをはじめ、コーチ、エージェントなどからは、「遠い先のことについてなど考えるな」「スポーツに一〇〇%集中しろ」と。だが彼らがそのようなコメントをすることには、利己的な理由があるからである。たとえば、オーナーにとっては、チームはビジネスだ。チームの成功はビジネスの成功であり、負ければ財政的な損失になる。したがって、オーナーがチームの選手に仕事―すなわちスポーツ―にのみ集中してほしいと思うのは当然である。選手自身にとって重要である将来の問題に関しては、彼らはなんら気にとめないかもしれない。だからこそ、自分自身が考えなければならないのである。結局、自分の将来や利益を守ることができるのは、自分しかいないのだから。

オーナーやエージェント、コーチが理解していないのは、「長期的なキャリアプランを得ることで、選手のパフォーマンスも向上する」という事実である。将来についてなんの計画もなく、引退後になにをすればいいか見当もつかないような状態では、不安を感じるのは当たり前である。その不安がエネルギー低下につながり、集中力の欠如を引き起こす。将来について不安な状態では、一〇〇%集中できるわけがなく、スポーツにも十分には取り組めなくなる。効果的なキャリアプランを立てておくことは、スポーツでのよりよいパフォーマンスにつながるのだ。

我々がカウンセリングをした一流スポーツ選手たちは、キャリアプランを立てた後に自身のパフォーマンスが向上したことに驚きを示している。あるプロテニス選手は次のように語っている。

「肩の荷をおろしたような気分だった。肩に荷があることも、それまでは気がついていなかったけれど。キャリアプランを立ててから、試合にも集中でき、パフォーマンスも改善した。もっと前にキャリアプランを立てていればよかった」

ぜひあなたも今日から、本書を利用して将来のキャリアのために戦略を立ててみてほしい。

キャリアのアイデア

スポーツ選手はキャリア探しに大きな利点を持っている。キャリアプランを立てる際、その利点を活かさない手はない。

まず第一の利点は、スポーツ選手として各地をまわり、さまざまな人に出会える、という点だ。誰かに出会うたびに、どんな職業に就いているのか聞いてみよう。世の中にはさまざまな職業があることに驚かされることだろう。興味をひかれるキャリアがあれば、ノートや練習日誌に書きとめておこう。そして、その職業に就くにはどうすればいいのか、相手に直接質問してみよう。

すべての人と人脈をつくろう

引退して新しいキャリアをスタートしようとするとき、あなたが新しい職業やある分野での仕事を探していることを他の人が知っていれば、それは大きな助けとなる。あなたが仕事を探していることを知っているすべての人が、人脈となるのだ。そこで、今からその人脈づくりに励もう。人脈が広がるほど、仕事のチャンスも早く、またスムーズに訪れるだろう。

人脈とは、出会った人すべてである。家族や親戚、友人もそうだが、経営陣、スポンサー、エージェント、後援者、ファンなどもその一部だ。スポンサーや代理店主催のパーティーやさまざまなイベントなどで手渡せるよう、個人の名刺を用意するのもよいだろう。また、出会った人には名刺をもらう習慣もつけよう。仕事探しが成功するか否かは、名刺をもらった人々に電話などをして話す努力をするかどうかにかかっているともいえるからだ。

スポーツのスキルを新しいキャリアに応用しよう

本書ではこのことを何度か強調してきたが、ここでもあえて繰り返す。あなたをスポーツ選手として成功させた資質は、新しいキャリアでも必ず役に立つ。ただし、その資質をあなたが見極め、そして新しい状況に適用すればであるが。次に今日のビジネスに必要なスキルを挙げた。あなたにはこのスキルが備わっているだろうか。あるいは、それらのスキルを身につけるために努力をしているだろうか。

・チームワーク
・モチベーション
・忍耐力
・クリエイティブな思考力
・リーダーシップ
・集中力
・思考の柔軟性

スポーツ関連のさまざまなキャリアに目を向けよう

キャリアプランのワークショップやセミナーを一流スポーツ選手に行う際、スポーツ関連で思いつく職業をすべて挙げよ、という質問をしている。そうすると、通常、二十から三十種類の職業名が挙がる。大抵のスポーツ選手は自分に身近な職業を想定するものである。たとえば、コーチやスポーツトレーナー、エージェント、スポーツ製品の広報、スポーツドクターなどである。

しかしそれ以外にも、施設マネージャー、チーム広報、テレビ局のスポーツディレクターなど、スポーツ界には数え切れないほどの職種がある。実際、スポーツに関連した職種は現在二〇〇種類以上あり、新しい職種も続々と登場している。また最近では、スポーツマネジメントや経営など、スポーツ関連分野の訓練や学位を提供している大学も少なくない。まったく違う業界の職業を考える前に、スポーツ界の職業で適切なものがないか、まず検討してみることもよいだろう。

引退後のプランについて少し考えたところで、実際の引退時にスポーツ選手がどのような課題に直面するのかについて見ていこう。

2. 引退とは

現役時代、すべてがうまくいっているときは、引退の時期は自分で選べると考えがちである。スポーツ選手の多くが、なんらかの目標を達成してから引退したいと考えている。しかし、人生というのは予想外の出来事の連続であり、残念ながらスポーツ選手の人生にもあまり愉快でないことは起こりうる。では、引退の典型的なパターンを紹介していこう。まず、［ハイライトボックス４・１］に引退理由のトップ10を挙げておく。

けが

一流スポーツ選手によく見られるのが、けがによる引退である。スポーツの中には重傷の可能性から免れることができないものもある。トップレベルのアルペンスキー選手に関するある調査では、米国スキーチームのすべての選手が、過去四年間に膝になんらかの深刻なけがを負ったことがあるという事実が明らかになった。一般の人々と同様、スポーツ選手もけがに対する心構えができていないものである。したがって、まずは精神的な面での予測外のことに対するショックに直面しなければならない。

Highlight Box4.1

—引退理由のトップ10—

▼

1. 最終目標（ゴール）を達成した（やり残した課題はない）
2. 身体的な理由（けが、能力の低下、痛み）
3. 選手生活に疲れた（合宿などの移動、プライバシーの問題、マスコミとの問題）
4. 家族や友人（私生活に時間を割きたい）
5. 次の段階に進む時期だから
6. トップレベルで引退したかった
7. 人間関係・力関係に疲れた（マネジメントや管轄団体との関係）
8. 財政的理由
9. スポーツ以外に関心を持った
10. 飽きた（疲れた、楽しいと感じなくなった）

次に、けがが治った後、スポーツを続けられるかどうかという段階である。これに関して、答えが保証されていることはあまりない。我々の知るスポーツ選手の中には、目覚ましい回復力をみせ、復帰後も最高レベル†でのプレーを続けた選手が少なくない。しかし、同じような努力をしても元のようなプレーが不可能だった選手も多いのである。

解雇

チームが契約を更新しなかったり、トップの競技レベルに及ばないような場合に、選手生命が終わることも多い。自分のスポーツレベルの現実を把握していなかったという、このような例での落胆はひどいものだろう。

高校生スポーツ選手を対象としたある調査によると、アフリカ系アメリカ人選手の三十六%、白人選手の十四%が、自分がスポーツ選手としての道に進めると考えているという。しかし実際には、アメリカンフットボールの場合、高校生スポーツ選手のうち大学奨学金を受けてプレーできるのはほんの五%であり、NFLの場合はわずか一%だといわれている。プロとして晴れの舞台で活躍するという夢以外の選択肢を考えていない場合、ドラフトで選出されなかったり、五輪代表選手の選考に漏れたりなどは予測外の状況であり、それに対応するのは簡単ではないだろう。

†復帰後も最高レベル
日本人選手としては、スキーアルペンの木村公宣選手の例が新しい。一九九八年長野オリンピック後、全日本選手権大会で右前腕骨折、右膝靭帯断裂。過酷なリハビリに耐えて選手に復帰し、二〇〇二年ソルトレイクオリンピックに出場して活躍した。

映画『フープ・ドリームス』†でも、このような状況にスポーツ選手がどう対応するか、実話に基づいたエピソードが描かれている。スポーツ以外のキャリアも念頭に置いておかなければ、このようなトランジションの場合、相当のダメージを負うことになるだろう。

　スポーツ心理学の研究者であるパトリック・ベイリーがインタビューした、チームから解雇通告を受け引退したある選手は、スポーツ生命が終わったときの気持ちをこう語っている。

「引退に関して一番辛かったのは、スポーツ界から受けた扱いだ。現役時代はまわりのみんなに好かれ、たくさんの仲間がいた。だが引退が決まると、別れの言葉すら言ってくれなかった。大学なら少なくとも卒業式があるというのに。スポーツ選手は、スポーツで多くのものを犠牲にしている。スポーツがすべてという人生だ。その終わりである引退は、気持ちよく迎えられた方がよいに決まっているのに」

年齢

　ジョー・モンタナ†やロッド・カルー†のような超一流のスポーツ選手でも、年齢の影響を受けるときは来るものである。反射神経が衰える。体力の回復が遅くなる。どんなスポーツ選手であっても、こよなく愛するスポーツに別れを告げなければな

†『フープ・ドリームス』
まえがきviiiページ参照。

†ジョー・モンタナ
Joe Montana：NFLフォーティーナイナーズの名選手。スーパーボウル四戦全勝にスーパーボウルMVP三度受賞、稀代の勝負強さで数多くの逆転勝利を演出。その逆転劇をメディアは「モンタナマジック」と名づけ、NFL史上最高のクオーターバックとの呼び声も高い。二〇〇〇年に殿堂入り。

†ロッド・カルー
Rod Carew：MBLツインズとエンゼルスの二球団で活躍した名選手。〝安打製造機〟と呼ばれ、首位打者に七度輝く。十八年連続でオールスターに出場し、打率三割を十五年連続マーク。彼の背番号二十九は両球団で永久欠番となっている。一九九一年に殿堂入り。

らない日は必ず来るのだ。

とはいえ、スポーツによりその時期は大きく異なる。女子体操の場合、身体の成熟と長年の過酷なトレーニングによって、トップレベルの選手でも二十歳前に引退することがほとんどである。一方、射撃やゴルフなどのスポーツでは、四十代で世界レベル†の活躍をおさめることも可能だ。

ここで重要なのは、引退の「理由」ではなく、引退に対しての自分の「対応」である。能力の衰えを不可抗力と受けとめ、他のプランを立てて、次のキャリアにスムーズにトランジションする者がいる一方、トレーニングを増やし「科学に基づいた」というような方法でおとろえに抵抗する者もいる。後者の場合、結局はコーチや上層部に実力を認められない悔しさを抱えながら、若い後輩に押しやられ引退せざるを得なくなるという結末が大半である。

自分の選択

自主的な場合もそうでない場合も、一流スポーツ選手が突然引退を決意することは少ない。通常は長い時間をかけて徐々に引退という結論にたどり着くものだ。決意のポイントとなるのは、スポーツ選手を続けるより他の選択肢を選んだ方が大きな利益を得られる、と考えられるときである。

†四十代で世界レベルの活躍
アテネ五輪ではアーチェリー日本代表の山本博選手(一九六二年生まれ)が銀メダルを獲得している。

†タイトルナイン
Title Ⅸ:一九七二年にアメリカで制定された教育における男女平等をうたった法律。「国から財政的に援助を受けている教育プログラムや教育活動(公立の教育機関を含む)において、何人も、性別を根拠にそれらへの参加が拒否されたり、その恩恵を受けることを妨げられたり、差別的に扱われることはない」という

男性と比べて、女性の場合は、プロ・アマどちらもスポーツを続ける際の選択肢が少ない。女性向けのスポーツ関連のキャリアはわずかであり、大学などの学術機関で募集するコーチや運営の仕事も、女性に与えられる可能性は男性より低い。タ†イトルナインが制定されているにもかかわらず、女性が活躍できるスポーツ†は少ないため、不平等な状況は現役時代も同様である。まず明らかな例として、一流の男性バスケットボールの選手はバスケットボールで高収入を得ることができるが、大学を卒業した一流の女性バスケットボール選手では開かれている道はごくわずかだ。このような現状は、徐々に変わるかもしれないが、大半の女性選手にとって、その変化のスピードは遅すぎるのだ。

　我々はスポーツから他の分野へのトランジションに成功したスポーツ選手を多く知っている。慎重に決定をすれば、成功するケースが多いことも知っている。一流レベルからの引退であっても、他の分野での満足感や充実感につなげることは可能なのである。そして、引退せざるを得なくなったケースより、自ら選んで引退したケースの方がうまくいくことが多い。これは彼らがスポーツ以外の人生について熟考し、計画を練っていたからだ。しかし、けがや解雇、マネジメントの問題などで引退せざるを得なくなった場合は、心構えはもちろん、なんの準備もできていないことがほとんどである。解雇の可能性があるスポーツ選手の大半は、チームに残れ

ことを保証している。この法律によって、男女混合での体育が行われるようになった。

†女性が活躍できるスポーツ　女子のプロリーグとしては、一九九七年に創立されたWNBA（Woman's National Basketball Association：全米女子バスケットボール協会）がある。現在十三のチームがあり、二〇〇三年のWNBAファイナルでは二万人を超える観客を集めるなど、ビジネス面でも順調に成長を続けている。一九九九年にはWUSA（Woman's United Soccer Association：全米女子プロサッカーリーグ）が設立され、日本からも澤穂希選手がアトランタ・ビートでプレーし話題となったが、財政難を理由に二〇〇三年で活動休止中。スポーツ大国米国であっても、女子のチームスポーツは難しい環境にあるといえる。

るようにさらに猛練習をすることが多い。しかし、このようなことをしても、解雇を避けることはできず、また引退が持つ心理的、社会的課題には正しく対応できないだろう。最大の課題は、自分が目標を達成できなかったという事実をいかに納得するかということなのである。

これまで引退のパターンについて解説してきたが、次は引退後のスポーツ選手がどのような精神状態になるのか、そのいくつかを見ていこう。

3．引退後によく見られる反応

スポーツ中心の生活を何年も送ってきた場合、そのスポーツから完全に離れ、それについて考えもしなくなるという生活は、非現実的に思えるかもしれない。前述のように、スポーツに長い時間を投資してきたのだから、引退後もスポーツに関わる職業を探すということが当然の流れだろう。しかし、もし引退後の職業がまったくの畑違いとなったとしても、引退による状況の変化において、さまざまな感情を経験することにはなるだろう。一流スポーツ選手の中には、引退後のある期間を精神的に浮き沈みの激しい時期だったと語る者もいる。このような時期は、数カ月あるいは数年続くかもしれない。だが、そういった精神状態を経験することはごく当たり前なのだと認識することが重要である。我々の知る、さまざまな一流スポーツ選手たちの引退における反応を紹介しよう。

スポーツを失ったことへの悲しみ

引退したことで、プレーする楽しさやトップ選手であるというステイタス、競争することのスリル感、そしてチームメイトやコーチとの仲間意識など、スポーツのいろいろな要素を失ったことが寂しい、と多くのスポーツ選手が訴える。ある元プロアイスホッケー選手はこう語っている。

「観衆の前でプレーする興奮や、サインを求められたときの自尊心をくすぐられるようなあの感覚が恋しい。ゴールを決めたり、相手チームのゴールをブロックしたり、あるいは単に勝利チームの一員であるという快感はなにものにも変えがたい。引退後どんな仕事に就こうと、おそらく二度とあんな思いはできないだろう」

アイデンティティの喪失

一流スポーツ選手であっても、引退後はその大半が、「引退した自分は、一体何者なのだろうか」という疑問に突き当たる。人生のほとんどを「テニスプレーヤーのトム」や「スケート選手のキャサリン」として過ごしてきたのである。その後の人生を「元テニスプレーヤー」「元スケート選手」という肩書きを引きずるだけにしないためにも、引退後には、新しいキャリアとアイデンティティを見つけることが重要である。

引退にまつわる状況に対する怒り

けがをしたスポーツ選手の場合、その原因となった相手に怒りの矛先を向けることもあるだろう。まったく不本意なままに引退を余儀なくされたスポーツ選手の場合は、その怒りをチームにぶつけるかもしれない。

引退に際してなんらかの怒りを感じたという選手は多い。そういった怒りの対象のうちよく聞かれるものとしては、チームのオーナー、マネジメント、所属団体などであろう。

多くのスポーツ選手が、スポーツ界の力関係やスポーツ選手の待遇に関して、怒りや苛立ちを感じている。解雇された選手の場合、制度の不公平さを指摘する意見が多い。また、他の選手の方がよい扱いを受けていたと考える選手もいる。自分とは異なる、派手な競技の選手の方が報酬や特権が多い、同じような努力をしていたにもかかわらず、国際レベルで競技できないとなると管轄団体はわれ関せずとなる、と言う五輪選手もいた。自分が参加していたスポーツ界に憤るあまり、そのスポーツにはまったく関わりたくないと考えるようになる選手や、テレビでそのスポーツを観ることさえ避ける選手もいるくらいである。

チームメイトやコーチとの別れによる孤独

引退後、孤独感を感じるスポーツ選手は少なくない。自分のことを誰にも正しく理解されていないと感じるのである。引退後は、チームメイトやコーチのようなスポーツ環境にいたことのない多くの友人やファンは、その選手にスポーツを続けてほしいと願っていたために、なぜ引退したのか理解できないのだ。そのため、引退後に直面するさまざまな問題を誰にも理解されず、孤独感にさいなまれるスポーツ選手が多い。

将来への不安

引退後の人生に直面することが恐ろしい、と語ったスポーツ選手もいる。スポーツにはそれぞれパターンやリズムがある。スポーツ選手は、年々経験を積むごとに、また日々のトレーニングやコーチングを通して、なにを求められているかを予測できるようになるものである。つまり、メダルのような勲章から金銭的な報酬、マスコミの批判やファンの怒りなどといった失望までも、選手は予測できるのだ。しかし、引退後はそのような確実性のある予測はできなくなる。スポーツのない将来はまったく未知の、未経験の世界だ。スポーツの世界から新しいキャリアにトランジションする際、ほとんどのスポーツ選手が不安な時期を経験するものである。

人生に対する自信喪失

自分の知るスポーツ分野においては、スポーツ選手は自信を持っているものだ。それは、なにをどうすればいいのか、勝手がわかっているからだ。試合に出るのは問題なくても、朝早く起きて履歴書を送ったり、電話をかけたり、面接に行ったりということは、これまで経験のないことで、その結果、大抵のスポーツ選手は新しい状況に直面すると、自信をなくしてしまう。ビジネスやその他の新しいキャリアにおいて自分はまったくのビギナーであり、自分が必要なスキルを備えているかどうかも、判断できないのである。

ステイタスを失ったことへの苛立ち

一流のスポーツ選手は「自分は一流なのだ」と、自分を特別な人間だと考えていることが多い。現役で活躍している間は、コーチやファンやマスコミがその自己像を補強する役割を果たすため、なおさらである。一般に、自分を特別だと考える人間は、一流でない仕事に就くことに強い抵抗感を持つことが少なくない。

我々が活動をともにしたスポーツ選手の多くが、初心者レベルの仕事に就くことを想像するのは難しい、と語っている。スポーツ選手として一流のレベルに到達するには、何年もの努力が必要だったということを経験しているのにもかかわらず、そのことを忘れがちなのである。スポーツ以外の新たな仕事に就くには、新しい体制の中で再び学び、成長する意志が必要だ。幸い、スポーツ選手は新しいキャリアでも成功できるようなスキルを、スポーツを行う中で培っているのである。

我々は、現役時代に将来の計画を立てるための時間を割くと、現在のスポーツパフォーマンスに影響が出るのでは、と懸念するスポーツ選手と多く出会ってきた。スポーツの世界において、一流になるには、自分の時間とエネルギーをすべて注がなければならないことを多くの選手たちから教えられた。そこで培われた凄まじいまでの集中力は、スポーツのスキルを完成させるのに役立つのである。だからこそスポーツを離れる際には心の準備がまったくできていない状態になりがちなのである。とくに引退が自分の選択ではなくけがや解雇などによる場合はなおさらである。自分のスキルが落ち、新人とも同等に張り合うことができないと感じるようになったスポーツ選手は、練習や調整により時間をかけ、なるべく長い間現役で活躍しようと試みるのである。

しかし、スポーツから引退する時期が早ければ早いほどその準備もうまくできるということが、我々がこれまでに得た見解である。スポーツに過剰なまでに傾注してしまうと、引退の準備ができないばかりでなく、必ずしもパフォーマンス向上にもつながらない。引退後の人生に準備ができているという状態でスポーツを続けることが現在のパフォーマンスにおいてもプレッシャーが少なくなる。スポーツをしつつも引退後の準備をしていた、あるスキージャンプ選手は次のように語っている。

「将来について自信が出てきたとともに、ジャンプもうまくいくようになった。自分にかけるプレッシャーが少なくなったのかもしれない。なにがよくなったのかはっきりとはわからないけれど、とにかく前よりスムーズな感じだ。なにも強いられていないような、そんな感覚なんだ」

一日の、あるいは一週間のうちほんの二%でもいい。将来についての計画を立てる時間を作ろう。そうすれば、キャリアや人生、そしてスポーツに関してもよりよい決定ができるだろう。

新しいキャリアの世界で遅れをとっているという不安

一流スポーツ選手からよく聞くことの一つに、新しいキャリアの世界では、自分が何年も遅れをとっているため不安を感じる、ということがある。あるプロテニスプレーヤーは、「同年代だとしても、もう十年も前からそこでキャリアを積んでいる人に、どうやって追いつくことができるのか」と言う。彼女は、自分が「テニス」というキャリアを積んだことをまったくのゼロだと考えているのだ。テニスというキャリアを積んだ上で、次の新たなキャリアに進む、という考え方ではなく、すでに十年間仕事をしている人には十年分の遅れをとっており、決して追いつけない、と考えているのだ。

一流スポーツ選手は、すでにスポーツという分野で多くのキャリアを積んでいる。キャリアの変更を考慮する今、スポーツで学んだスキルを見極め、次のキャリアでそれをどう活かすかを考えなければならない。この点については、次章で述べることとする。

特権を失ったことへの不満

一流スポーツ選手の中には、コーチやファン、そしてマスコミに過剰に守られ、また褒められもして、引退後のキャリアの心配をしない者も多い。それまで周りがすべて世話をしてくれたため、またなにか新しい仕事をくれるだろう、などと考えてしまうのだ。しかし、大半の場合は、そうはいかない。このような選手の多くはそのような状況になると、次のように感じるのである。「現役中は周囲に散々利用された挙げ句、必要なくなったらあっさり捨てられた」と。

一流のスポーツ選手は、その知名度ゆえにさまざまな特権を得ていることは明らかなのである。しかし、そのような一流選手としてのステイタスや特権を得るために必要だったのと同様の努力をしなければ、新しいキャリアを確かなものにはできない。さまざまな特権を享受するのはよいが、引退後もスポーツ界が自分の世話をしてくれるという考えは、トランジションに対応する際、障害となるだろう。

経済的な不安

金銭的な問題も引退後の不安の一つである。高額な収入を得ていたとしても、適切なアドバイスを受け将来のために収入を管理することが必要だ。大抵のスポーツにおける現役年数は平均五年であり、なおさら賢く投資する必要がある。さらに、高額な収入に慣れたスポーツ選手の多くは贅沢な生活にも慣れているため、生活のレベルを下げるのが難しい場合もある。

その一方で、ゴールを達成するために必要な経済力がないため、前述のスポーツ選手とは別の意味で経済面でのプレッシャーを感じる選手も多い。トレーニングをしながらなんとか生活を支えようとするが、練習が厳しいためフルタイムの仕事には就けず、収入も十分なレベルにはほど遠い。なかには、親から金銭的援助を受けることに対して罪悪感を持つ者や、金銭的な理由から、結婚や子づくりを遅らせようとする者もいるのである。

引退して次のキャリアに進もうとする際に持つ、以上のような懸念やその他の問題点において、スポーツ選手にはこういった事例が見られる。このような反応は、すべてごく自然なものだということを理解しなければならない。スポーツ選手の多くは、人生の転換期において情緒が不安定な時期を経験する。人生とはジェットコースターのように浮き沈みがあるものであるということを理解して心の準備をしておけば、引退による後遺症を抑えることはできるのである。

では、引退後の生活においてリズムをつかむための、最適の方法はなんだろうか。引退というトランジションへスムーズに対応するための方法を考えてみよう。

4. スポーツからのトランジションを成功させる

本書を書くきっかけの一つに、「一流スポーツ選手が引退時に直面したあらゆる

Highlight Box4.2

1996年9月30日付のニューヨークタイムズ紙によると、ビル・カールッチは難しい問題に直面していた。弱冠29歳であり、アトランタ五輪のボート競技で銅メダルを獲得したが、この先どうすればよいのか悩んでいた。

「再び4年間練習を積んで2000年のシドニー大会に備えるべきか」あるいは「幸せで、満足いく仕事を持ち、家族を持つ。つまり、1年に10ヶ月間、毎日欠かさず朝6時に起きて3時間以上の苛酷なトレーニングを続けるという生活は止めるという選択肢を取るべきか」と。

他のオリンピック選手同様、家に戻ったビルは、以前と知名度も金銭面もそう変わらない。4年間再び地獄のようなトレーニングを続けるべきか、悩んでいたのだ。

なによりも心配なのは金銭面であった。メダルの賞金である7,500ドル、そして講演料300ドルの講演会が数回分、広告関連のギャラ1,500ドルという収入はあるが、多く見積もっても年収2万ドルというところだろう。それでもこれまで通りの年収である1万ドルよりはましだったが、他の才能ある教育を受けた同年齢の男性の平均年収額をはるかに下回っているのだ。ときどきビルは、ボート競技にかける犠牲の代償が大きすぎるのではないか、と考えることもある。だが一方で、競技に参加することで得られる興奮や、ボート競技のメンバーと一緒にいるという楽しさは、なにごとにも変え難いとも思うのだ。

他のオリンピック選手と同様、ビルも人生の分岐点に立っていた。ボート競技に関して将来どうするかはまだわからないが、スポーツ以外の人生において初心者であるという立場に、一度は直面しなければならないということは理解していたのだ。

問題を解決した」という我々の実績を、多くの読者と共有したいということがあった。

引退というものは、あなたもいつの日か必ず直面するトランジションである。一流スポーツ選手でさえ、孤独感やとまどいを感じるような重大で難しいな問題である。

我々は、アメリカオリンピック委員会の「スポーツ選手のためのキャリア援助プログラム（CAPA）」と女子プロゴルフ協会の「将来のキャリア計画プログラム（PFCP）」という二つのプログラムの設立を支援した。ともに、一流スポーツ選手のコンサルティングを専門とするキャリア開発コンサルタントによる、スポーツ心理学を基礎としたワークショップにスポーツ選手を参加させるというものである。ワークショップの目的は、引退に関する経験を共有できる安全な場と、本書で紹介しているようなキャリア開発プロセスに関する情報をスポーツ選手に提供することである。

スポーツ選手が引退というトランジションを乗り越えるためにはどうすればよいのか。我々がこれまでの経験を通して学んだこと、またこれらのプログラムで提案してきたことを次に紹介する。

引退したスポーツ選手、または引退を考慮中のスポーツ選手に相談する

前述のワークショップにおいて、我々はCAPAの一環としてオリンピック選手とともにある作業をした際、スポーツ選手の多くが自分の気持ちを表現するために助けを必要としていることに気づいた。友人はいても、引退に対する恐れや不安を理解してくれる人を見つけるのは難しい、と打ち明けたスポーツ選手は多い。

あなたの経験を理解してくれる人はなかなかいないだろう。その一方で、正直に気持ちや悩みを打ち明けることを躊躇するスポーツ選手も多い。あるスキー選手はこう語っている。

「スポーツの世界では、弱みを見せないようにと教えられてきた。だからこそ、自分が抱える恐れについて誰かに打ち明けることはそう簡単ではないのだ」

引退を考慮中のスポーツ選手は、助けを求めることが弱さの証拠のように思え、自分の中にさまざまな感情をためこんでしまいがちなのである。また、周りの友人やサポートチームは、引退に関してどのように感じているかを聞かないことが多い。これは、一流のスポーツ選手なのだからなにも心配ないと思い込んでいるからだ。

したがって、引退に関する相談は同じような経験をした人にするのがよいといえる。もっとも理解を示してくれる人は、引退したスポーツ選手、あるいは引退を考慮中のスポーツ選手なのである。

一流スポーツ選手であっても、キャリア探求やライフプランを始める前には、まず引退に関する悩みを他者と共有することが必要なことを知るべきである。すでに引退したスポーツ選手に相談することにより、自分がそうとは気づかずに直面している問題を認識できるかもしれないし、悩みを理解してくれる新たなサポートチームを得られるかもしれない。仲間を探し、自分の気持ちを語ってみよう。

スポーツ心理コンサルタントやキャリアカウンセラーに相談する

カウンセラーに相談するのもよい方法だ。スポーツの世界では、弱みを見せないように教えられてきたかもしれないが、引退前というデリケートな時期はより専門的な知識を持った人に自分の気持ちを素直に明かすことも一つの手段である。専門的な相談相手を得られれば、それは大きな手助けとなるだろう。スポーツ心理コンサルタントやキャリアカウンセラーといった専門家は、このような状況を扱うのに慣れているため、とても有益な頼りとなるだろう。大半の大学にはカウンセラーがおり、また、スポーツ団体の中にある情報をフルに活用することでもよい。

助けを求めることを恐れない

家族や友人に、正直に悩みを打ち明けてみよう。あなたを大切に思ってくれる人たちは、あなたが心を開けば助けてくれるはずだ。一流スポーツ選手の中には、自分に助けが必要であることを認めようとしないため、キャリア探しにつまずくケースが多い。たくさんの人から憧れの対象として見られる立場に慣れていたため、自分から助けを求めることができず、自ら状況を難しくしてしまうのである。このような悪循環には、はまらないようにしてほしい。

チームメイトとの付き合いを続けることもよいだろう。突然スポーツから自分を切り離してしまうのは、ダメージをさらにひどくすることもある。しかし、チームメイトが現役時代と同様に接してくれると思わない方がよい。状況が変わるのは人生の摂理である。もしあなたがチームの一員でなくなったのであれば、コーチやチームメイトが一緒に過ごしてくれる時間は短くなるのも当然なのだ。

将来へのプラン

第1章で検討したスポーツのライフサイクルには、開始期、中間期、終了期があった。引退を計画する際は、まず自分が今どの時期にいるかを認識し、そしていつ引退する可能性が高いかを予測してみよう。引退の予測時期が遠い将来のことであっても、将来のキャリアについては積極的に計画しよう。

また、一流のスポーツ選手であれば、引退の前、後、そしてまさにその時、という三つの時期において、それぞれ考えておくべき重要な事柄がある。次の質問に答えて、将来のキャリアプランをイメージし、また引退後のキャリアを決定する際の手助けとしてほしい。

▼引退前▲

1. 現役として活躍中、どうすれば将来のキャリア選択を始められるだろうか。
2. 自分がプレーしているスポーツに直接関連したキャリアの中で、現役時代から探求したいと思えるほど興味の持てる分野はあるか(たとえば、コーチングやスポーツマーケティングなど)。
3. トレーニング場所の近くに、スポーツ以外の自分の興味や特技が活かせそうな分野で、なにか経験を積めるようなアルバイトやインターンシップがあるだろうか。
4. フルタイム(全日制)の学生として参加できない場合、夜学制や通信制で勉強はできるだろうか。
5. 移動先などで興味のある仕事やその仕事先の雇用担当者にコンタクトをとることは可能だろうか。

▼引退時▲

1. 将来のキャリアの可能性を広げるために、どのように収入を利用するのが最適だろうか。

2. 収入を得るために仕事をすぐに始めるべきだろうか。その場合、キャリアの選択を探求できるような、あるいは希望する他の職業への橋渡しになるような職業に就くことはできるだろうか。

3. 新しい仕事で新人としての立場に慣れるのに精神面のサポートは必要だろうか。

4. 新しいキャリアにおいて、スポーツで得た経験やさまざまなスキルはどのように使えるだろうか。

5. 大学の専攻を変えたり、異なるトレーニングプログラムに入るなど、引退前に決定していたキャリアプランを変更する必要はあるだろうか。

▼引退後▲

1. キャリアチャンスを広げるために、スポーツで得た経験やネットワークをうまく利用しているだろうか。

2. 自分が選んだキャリアの道を追求するにあたって、スポーツで得たスキルを

Work Sheet4.1

—引退プラン—

▼

1．プロ、あるいは一流のアマチュア・スポーツ選手としてのあなたは、現在どのような時期にあると思うか。

2．引退するまで何年あるか。

3．引退のためになにかプランを立てたか。

4．引退について考えるとき、どのようなネガティブな点を思いつくだろうか。

5．どのようなポジティブな点を思いつくだろうか。

6．引退についてすでに考えたことがある場合、あなたのプランを阻む出来事はあるだろうか。

7．引退をよりスムーズにするために今できることはあるだろうか。

8．最近引退したスポーツ選手で、引退について話し合える人はいるだろうか。

9．現役のスポーツ選手で、引退について話し合える人はいるだろうか。

10．あなたが現在所属している団体には、キャリアまたはトランジションのサポートプログラムがあるだろうか（例．アメリカオリンピック委員会の「アスリートのためのキャリア援助プログラム」、女子プロゴルフ協会の「将来のキャリア計画プログラム」など）。あれば、その名称を書きなさい。

効果的に使っているだろうか。

3. 自分は現在のキャリアプランにどれほど満足しているだろうか。変更しなければならない場合、利用できる情報を十分に活用しているだろうか。

4. 引退した今、現在のキャリアプランは自分の人生や家族・友人関係に起きているその他の変化に合っているだろうか。

以上の質問から、自分のキャリアプランについて検討したら、具体的なプランを立てなければならない。［ワークシート4・1］でプランを立てよう。

ワークシートに記入しながら、引退について考え、連絡すべき人や行動しなければならないことを思い浮かべたことだろう。引退について計画する時期が早いほど、情報を入手する方法を考え、サポートチームをまとめる機会が増える。

5. 本章のまとめ

自分にあてられるスポットライトが消えたとき、一流スポーツ選手は新しい課題と責任をともなう、まったく別の世界に身を置くことになる。その新しい世界がどのようなものであるか、本章で紹介したことがその理解に役立つことを願っている。すでにある程度予測できていれば、なにも恐れることはないだろう。

再度、第1章の［ワークシート1・7］を使って、スポーツキャリアの終わり、そして新しいキャリアの始まりについてプランを立ててみよう。「元スポーツ選手」という新しい肩書きに慣れる時間を自分に与えるのである。それには時間がかかるかもしれないし、決して楽なことではないかもしれない。しかし、その心の準備ができれば、本章でのアドバイスが非常に役立つことに気がつくだろう。きっと、次のように語ったあるスポーツ選手の意見に賛同できるのではないだろうか。

「あるスポーツからの引退は、スポーツを一〇〇％やめることを意味すると思うかもしれない。しかし、引退してから自分の行っていた競技そのものには関わっていなくても、他のスポーツなら山ほど楽しんでやっているし、そのいくつかには選手として参加している。現在は、南アフリカの黒人居住区でスポーツのコーチをしてくれる選手を紹介するプログラムにも携わっている。結局、スポーツ選手というものは、スポーツそのものからは完全に引退をしないのではないだろうか」

本章では、次のことについて学んだ。

1．キャリアプランはなるべく早く始めるべきである。

2. 引退後のキャリアへのトランジションをスムーズにするために、現役時代からもさまざまなことが始められるようにする。

3. 引退する際には、同じようなスポーツ経験のある一流スポーツ選手であっても、引退に関する経験は人それぞれである。

4. スポーツからの引退を計画し順応するには、対応スキル、情報源、サポートチームを見極め、利用すべきである。

5. 一流のスポーツ選手は、キャリアのすべての段階において特別なキャリアプランを立てなければならない。

ここまでで感じたこと、考えたことをメモしよう。

第二部

自分探しの旅とそのプラン

第5章　自己探求

本章では、キャリアプランのうち、もっとも重要で、興味深い要素である「自己探求」について考える。なぜ自己探求は大切なのか。その理由は二つある。

一つは、多くの人にとって、「仕事というものがつまらない義務」になっているという事実である。生活費を稼ぐためだけの手段に過ぎない義務として仕事を捉えると、仕事中はひたすら我慢し、週末を待ち望むことになる。つまり、一日の大半を「好きではないこと」に従事して過ごすのである。このような生活を続ければ不満が高じ、「もし違う仕事を選んでいれば、私には他のチャンスがあったかもしれないのに…」と後悔することにもなる。このような状況に陥らないために、仕事を選ぶときには、本当の意味での自己探求が必要なのである。

そしてもう一つの理由は、「自分の人生は自分で決める」ということである。さまざまな場面で他人にいろいろなアドバイスを受けるだろう。しかし、彼らはあなたとは違う人間なのであり、あなたの人生を歩むわけではない。どんな仕事が自分に最適なのかを決めるのも、あなた自身なのである。自分自身についての理解の度合いを深めれば、単なる流行に流されたり、よく考えもせずに他人の勧めを受け入れたりしないで済むだろう。あるスポーツ選手二人の自己探求の例を見てみよう。

ジーンは、さまざまな活動に参加している高校三年生である。朝、授業前にバスケットボールの練習をし、帰宅後に夕食をとり、また学校に戻って課外活動に参加するという毎日を送っている。来年は大学に進学してバスケットボールを続けたいと思っているが、専攻やキャリアプランについてはまだ決めていない。両親は、彼女が姉と同じ会計士になってほしいと思っている。親友は、これからの女性にはコンピュータサイエンスがもっとも適した専攻分野だと勧める。ジーンが尊敬する教師は、あなたは文章がうまいから国文学を専攻したらどうかと勧める。彼女自身は歴史が好きなのだが、史学を専攻しても将来仕事にはありつけないだろう、と考えていた。さまざまな意見に影響され、ジーンは混乱し迷っていた。

一方、ジョーは大学の四年生で、三年間レギュラーメンバーとして活躍するレスリングの選手である。三年生のときに学生選抜チームに選ばれ、今年も選出されるだろうと期待されるほど優秀な選手である。学業での成績もよかったが、ビジネス専攻が自分にとって正しい選択だったのかと悩んでいた。いくつかの講義には興味が持てたが、なにかが欠けているように感じていた。地元のコミュニティーセンターで少年たちを相手にスポーツを教えたりすることにおもしろさを感じていたのだ。しかし、子ども相手のレクリエーション関連の職業には就かないと決めていた。安月給の上、スポーツにしか能のないやつ、と思われがちの職業だというのがその理由だ。大学最後の年になったが、仕事についての悩みが高じて、卒業後について計画を立てるのが、だんだん億劫になってきている。

ジーンもジョーも大きな決定と選択をしなければならない転換期にいる。しかし、日常生活が忙しく、自分自身やキャリアプランについて考える時間がない。また、他人のアドバイスや考えに影響されてしまい、自分の気持ちにも疑問や不安だけがわいてくる。もっとも楽な方法は、忙しい生活にかまけて、そのうちなんとかなるだろうと流れに身をまかせることである。しかし、キャリアプランを立てておかなければ、もっとも重要な自分自身の将来を犠牲にすることになってしまうのである。スポーツでたとえるならば、慎重に計画されたトレーニングや練習もなしに、試合に参加するようなものだ。もちろん、このような戦略はスポーツ界では時々見られるが、極めてまれなケースだろう。

1．自分について学ぶ

ジーンやジョーのように、あなたも自分について学ぶ時間が必要かもしれない。自分自身について学ぶには、自分の持っている「価値観」「興味」「スキル」の三点についてじっくりと考えることが重要である。

「価値観」は、仕事に満足できるかどうかの鍵となるものだ。「人生においての価値観」が自分の仕事によって満たされるということは、生活の質の向上につながり、毎朝起きるのも楽しくなるだろう。仕事の満足度というものの大切さを決してみくびってはならない。起きている時間の半分は、仕事に費やされるのである。仕事が自分の価値観になにをもたらすか、よく見極めておくことが必要だ。

「興味」は、仕事を楽しめるかどうかの鍵である。自分の興味が仕事内容にどのようにマッチするかを考えなければならない。手を使った仕事が好きならば、デスクワークより大工のような建築業の方が楽しんで仕事に取り組むことができるかもしれない、というように。

そして、「スキル」は、仕事で満足のいくパフォーマンスをするための鍵となる。職種によって要求されるスキルは異なるため、自分の持つスキルと興味のある職業に必要なスキルを把握することが大切である。スキルというのは、雇い主に提供できる基本的な資質のことである。職場での競争は激しいものであるからこそ、自分のスキルについて、きちんと熟知し、それを他の人にも説明できるようにしておかなければならない。誰でもなにかしらの才能を持っているものだが、自分がどんなことに対して才能があるか理解している人は少ない。自分のスキルがその職種になぜ、どのように適しているのか、といったことを明確に自己アピールできるようでなければならない。また、希望の職種に就くために必要な、あるいは伸ばさなければならないスキルを見極めることも重要である。

そして、自分のスキルを見極めておけば、その職場での競争に強くなるだろう。自分の価値観と興味について学ぶことで、満足のいくキャリアとライフスタイルを選択できるようになる。

このように、価値観、興味、スキルは、自分を判断する要素の重要な一部分であるのだが、これらは今自分のおかれている状況、つまり時間の経過とともに変わるものである。たとえば、前述の大学の専攻について悩んでいるジーンは、就職について悩んでいるジョーとは人生の異なる地点に立っている。そして十年後には二人ともまたさらに異なる地点におり、人生でのさまざまな優先事項もまた異なっているることだろう。価値観、興味、スキルというものは、常に「役割」と「経験」とともに変化するのである。

では、自分にとっての「役割」はなんであるかについて、まず検討しておこう。そうすれば、さまざまなことに遭遇しても、その都度、これは自分にとってどのように重要なのかということが理解しやすくなるだろう。自分の希望する役割をリストアップすることで、優先事項も明確になり、より楽に計画が立てられるだろう。この時点で初めて、自己探求が始まるのだ。

役割の開発

著名なキャリア開発の専門家、ドナルド・スーパー†は、「人間の人生は、さまざまな役割(娘や息子だったり、学生、スポーツ選手、友人、会社員、親、地域の一員など)で構成されており、その役割は時期によって重要度が変わる」と述べている。思春期・青年期初期では、さまざまな役割のうち、学生としての役割が多くを占めるが、その後は学生という役割の重要度は低くなる、といった具合にである。その役割の度合いに応じて、私たちは価値観、興味、スキルの対象を発展させ維持するのである。たとえば、学校で学んだスキルは、仕事でも応用できるであろう。スポーツ選手はプレッシャーに強くなるよう訓練されるが、これはテンポの速い仕事などには必要となるスキルである。

また、私たちは複数の役割参加を通して価値観を満足させている。たとえば、ス

†**ドナルド・スーパー**
Donald Super：キャリア発達の包括的な理論を提唱。特に世代ごとの発達段階、役割とキャリア選択のプロセスに研究は集中している。「キャリア・ステージ理論」「ライフ・キャリアレインボー」「アーチモデル」「キャリア成熟度」など。

ポーツ選手はよいパフォーマンスをしたときの「達成感」と「認知度」というものに価値を置いている。複数の役割を持つことの利点は、ある一つの役割だけに負担がかからないことである。それぞれの役割が満たすニーズは異なる。そして、役割というものは、時間が経つにつれ変化するということも理解しなければならない。つまり、現在の役割において重要な事項も、役割の変化した十年後にはあまり意味を持たないかもしれない、ということである。

次に［ワークシート5・1］を使って、現在果たしている重要な役割と、将来果たしたい役割について考えてみよう。これにより、どの役割を選べば、スキルをより開発できるか、また自分の関心や価値観をより的確に表現しているかについて判断することができるだろう。

そして［ハイライトボックス5・1］では、円が役割を表し、円の大きさはその役割の重要度を表している。重要度は通常、ある役割において費やす時間に関係する。［ハイライトボックス5・1］は、ジーンの現在、五年後、十年後の役割関連図を表したものである。

現在ジーンは、学生、友人、娘、そしてスポーツ選手という役割で構成されている［ハイライトボックス5・1の上段］。このうち学生、友人、スポーツ選手としての役割は関連している。友人の多くはチームメイトであり、スポーツ活動と学生

Work Sheet5.1

―役割―

▼

○現在の役割関連図

○5年後の役割関連図

○10年後の役割関連図

○役割に関する自分への質問

・自分にとって一番重要な役割とはなんだろう。なぜその役割が大切なのだろうか。

・役割によって満たされるニーズはなんだろう。

・5年後、自分の人生はどう変わっているのだろう。

・もっとも重要な役割はどのように変わるのだろう。その変化とともに、ニーズをどのように満足させられるのだろう。

・キャリアの役割は5年後にどれぐらい重要になっているのだろう。それはなぜか。スポーツ選手としての役割はどうなのだろう。それはなぜか。

・10年後に役割関連図はどのように変わっているのだろう。

・役割関連図における変化は、キャリアプランにどのように影響するのだろう。

であることはいくらか関連している。従業員としての役割が小さいのは、夏にライフガードのアルバイトをしただけだからである。

次に、ジーンは二十二歳の時点には、大学に通い、スポーツに専念するため、他の役割の重要度は低くなり、この役割関連図は変わるだろうと予測している［ハイライトボックス5・1の中段］。

そして、二十七歳の時点には、フルタイムの仕事に就き、おそらく恋人、あるいは夫がいて、趣味としてスポーツは続けていこうと考えている［ハイライトボックス5・1の下段］。学校、スポーツ、友人によって現在満たされているニーズは、二十七歳の時点では他の役割によって満たされているだろうと予測している。

ジーンの例を参考にして、あなたの現在の役割関連図を描き、主な役割をすべて書き出してみよう。円は役割を示し、円の大きさはその役割の重要度を示している。ある二つの役割が密接に関連している場合は、円を近接して描く。［ワークシート5・1］を参考にして、五年後、十年後の役割関連図も描いてみよう。

［ハイライトボックス5・1］の表す三つのポイントを確認しておこう。第一に、人それぞれにあるニーズ、たとえば、「愛」「達成感」「友情」というようなニーズを満たすために、役割は重要だということである。第二に、私たちが成長するにしたがい、役割の重要度は変化するということである。人生のある時期ではさまざま

Highlight Box5.1

ージーンの役割関連図ー

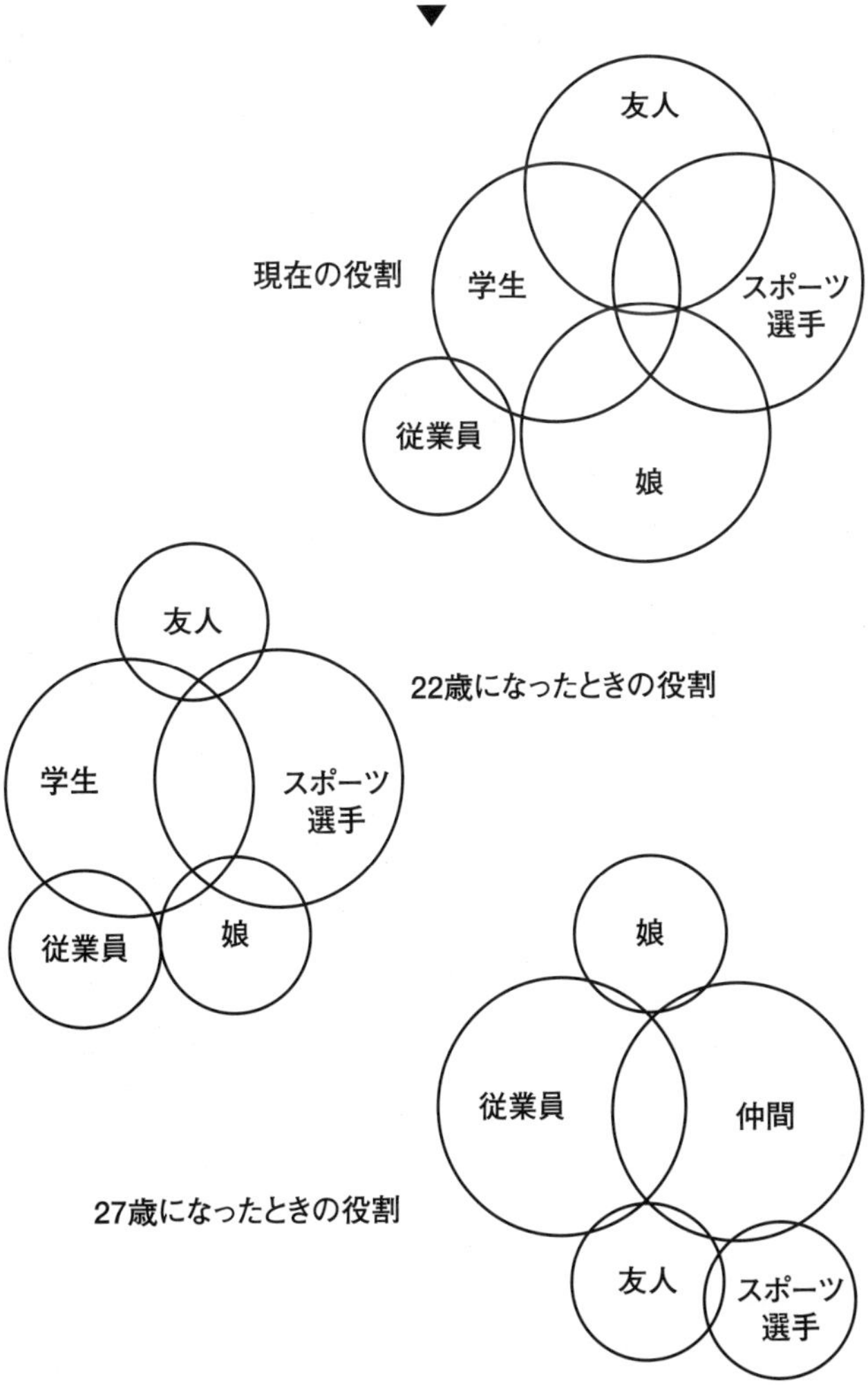

なニーズを満たした役割が、別の時期にはまったく必要なくなることもある。第三に、複数の役割を持つと、ニーズを満たしてくれる対象も複数になるということである。さまざまなニーズを満たす方法がある場合、ある役割を失ったり、その重要度が低くなっても、大したダメージにならない。たとえば、スポーツ選手という役割においての引退という衝撃を和らげるのに、仕事などでのとくに満足度の高い役割が精神的な意味でのクッションとなるかもしれない。

役割の重要性について触れたところで、キャリアの選択と調整に関する三つの鍵――「価値観」「興味」「スキル」――について改めて考えていこう。

価値観の探求――なにが自分にとって重要なのか

「価値観」とは、人生においてあなたを形づくる理想であり、重要な特徴である。ジョーの場合、地域に貢献することが重要だと考えていた。価値観は、自分が好きな事柄である興味や、自分が得意な事柄であるスキルとは違い、「自分にとってなにが重要であるかを決定づける事柄」である。たとえばバドミントンが好きで得意かもしれないが、必ずしも自分にとって大切ではないかもしれない。逆に、ある講義は必ずしも楽しくないが、自分の将来のために重要だと考えることもあるだろう。

価値観は、人それぞれのライフスタイル(たとえば、プライベート旅行ができる頻度）やキャリア（たとえば、安定した仕事）に関連している。すべての価値観が同等に重要なのではなく、一般にある価値観が他より重要度が高い。つまり、自分にとって大切なことでも他の人にとっては意味がないということが当然ある。したがって、他人によるアドバイスを鵜呑みにする前に、まず自分の価値観を見つめることが大切になるのだ。

キャリアからなにを得られるか、というのは個人の価値観で異なる。創造性を大切にする人には芸術家という職業にやりがいを感じるだろうし、人のために何かをしたいという人にはソーシャルワーカーなどが向いているだろう。仕事によって自分の価値観が満たされるということは、仕事に対する満足度につながる大きな要因となるのである。［ワークシート5・2］に記入して、仕事と人生においてなにが大切なのか考えてみよう。このワークシートに記入するとき、理想の仕事について考えてみよう。すぐに思い浮かばない場合は、自分の理想のキャリアについて少し考えてみよう。そのうえで、仕事・ライフスタイルの価値観を見極め、自分にとってなにが重要なのかを考えよう。満足のいくライフスタイルとキャリアを持つためには、自分の価値観を満たすような環境や役割を見つけることが必要になる。

利他主義	・他人を助ける	___	___	___	___
	・社会に貢献	___	___	___	___
	・他の人との共同作業	___	___	___	___
	・サポートしてくれる同僚との仕事	___	___	___	___
その他	______________	___	___	___	___
ライフスタイル					
	・旅行する機会	___	___	___	___
	・レクリエーションへの参加・活動	___	___	___	___
	・理想の土地に住む	___	___	___	___
	・友人を多くもつ	___	___	___	___
	・家族中心の生活	___	___	___	___
	・自由度の高い仕事のスケジュール	___	___	___	___
	・経済的な余裕	___	___	___	___
	・地域活動に積極的に参加	___	___	___	___
	・教会など、宗教活動に積極的に参加	___	___	___	___
その他	______________	___	___	___	___

○上記のリストを見て、もっとも重要な価値観5項目を挙げなさい。
記入が終わったら、下の質問に答えなさい。

・もっとも重要な価値観

1．
2．
3．
4．
5．

・価値観：自分への質問

1．なぜこの価値観が重要なのだろうか。
2．現在の活動(役割)において、この価値観はどのように満たされているだろうか。
3．どのような将来の活動や役割がこの価値観を満たすだろうか。
4．自分の仕事関連およびライフスタイルの価値観において、なにを学んだだろうか。

Work Sheet5.2

ー私の価値観は？ー

次の表は、ライフスタイルと仕事関係の価値観のリストである。ライフスタイルと仕事を分けたのは簡便にするためであるが、実際は重なる部分もある。各価値観について、重要度の点をつけなさい。楽しめるような仕事の環境を考え、「きわめて重要」「重要」「少し重要」「重要でない」のいずれかを選んで、チェックマークをつけなさい。

▼

仕事の価値観

カテゴリ	価値観	きわめて重要	重要	少し重要	重要でない
達成感	・自分の能力を利用できる				
	・「なにかを成し遂げた」という気分にさせてくれる活動				
	・新しいスキルの開発				
	・昇進のチャンス				
自主性	・自分の意志で決定できる				
	・他人からの指示が少ない				
	・アイディアを試すことができる				
	・一人で作業できる				
ステイタス	・人を指導、監督する機会がある				
	・自分の仕事に対する他者の認識				
	・社会における名声				
	・他の人に指示する立場にいること				
安心感	・快適な環境				
	・良好な給料・福利厚生				
	・有給休暇				
	・プレッシャーのない仕事				
安定性	・尊敬できる人による指示、監督				
	・変化の少ない仕事(ルーティンワーク)				
	・仕事の安定性				
	・明確な方針とルール				

興味の探求―なにが楽しいか

「興味」とは、スポーツ、地理、音楽、科学など、あらゆる分野において自分がおもしろさを感じるなにかである。その際、「複数の人とする活動」のように範囲の広いものや、「子どもを対象にした活動」のように焦点を絞ったものもある。

†ジョン・ホランドは、自身が開発したＶＰＩ職業興味検査で六角形モデルを構想した〔図５・１〕。このモデルは個人の興味を六つに分類し、それぞれに適した職業上の志向と具体的な職業例を評価できるようにしたものである。近接するテーマ（例：「現実的」と「研究的」）は六角形の対向辺にあるテーマ（「現実的」と「社会的」）より、類似性が高いことを表している。

多くの自己興味調査テストは、このモデルを使って調査・分類されている。また、一万二千以上の職種がこのモデルに基づいてコード化されてい

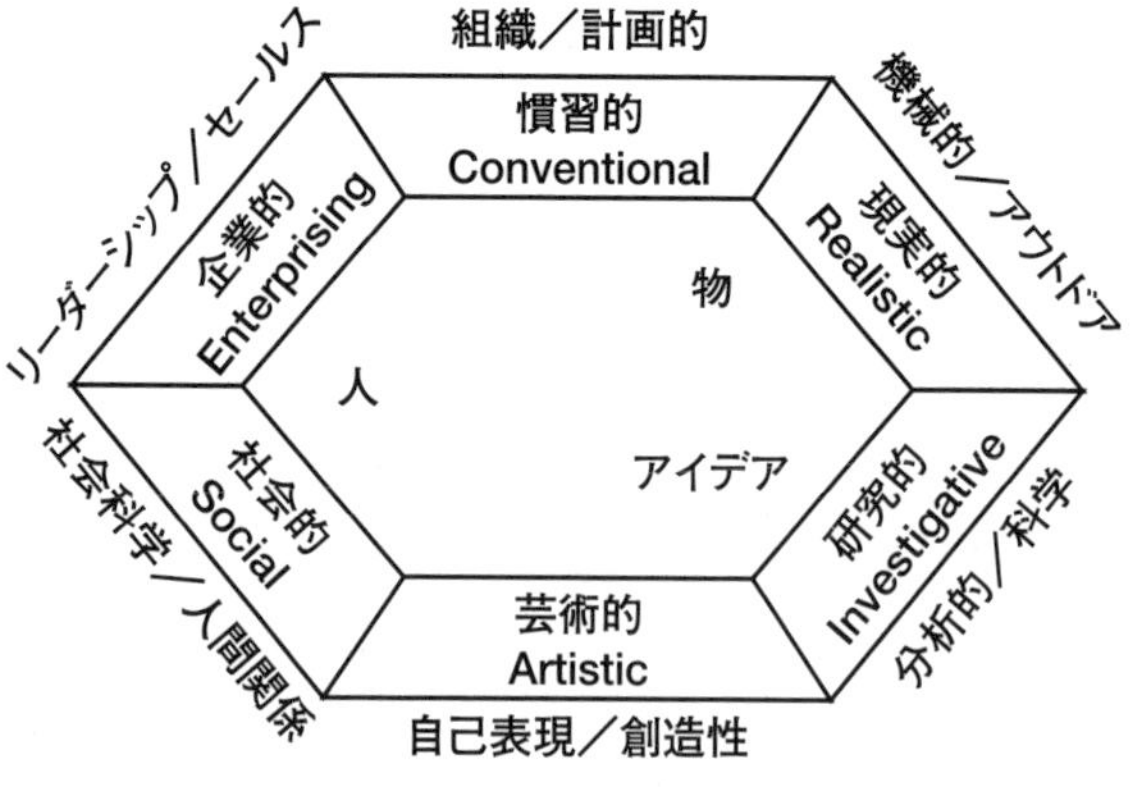

図５.１　ホランドの六角形モデル

Psychological Assesment Resources, Inc.の許可を受けて『Self-Directed Search Professional Manual』より引用。Copyright 1985 by Psychological Assesment Resources, Inc.　All rights reserved.

る。［ワークシート5・3］は、ホランドのモデルに基づいて、自分の興味のある仕事分野を明らかにするものである。これは、自分の興味に合った適職が見つかる助けとなるであろう。

［ワークシート5・3］はホランドの定義に加え、各分野における具体的な関連活動のリストを記載した。このリストの出典は職業関心リサーチである。次に［ワークシート5・4］を読み、どのような活動にどれぐらい興味があるか考え、チェックマークをつけてみよう。

［ワークシート5・3］と［ワークシート5・4］を完成させたら、大体の興味、あるいは具体的な興味がつかめるだろう。このモデルでは、自分の興味のある項目に対応する仕事環境が関連づけられている。このワークシートを通して、自分が楽しめる仕事とレクリエーション活動を明らかにし、キャリア選択と順応において大切な第三の要素である「スキル」について考えてみよう。

スキルの探求　―なにが得意か―

「スキル」とは、人それぞれの持つ優れた能力や異なる力であり、さまざまな職種に応じて雇い主が働き手に求める能力でもある。自分のスキルを次の三つに分類して、考えてみよう。

†ジョン・ホランド
John Holland：キャリア発達の理論として、特にパーソナリティと職業選択や職業行動についてのアプローチを展開（Personalities and Environments Typology Theory）。VPI職業興味検査（日本労働研究機構）が有名。

Work Sheet5.3

―仕事関連の興味―

次に挙げた、ホランドの定義による6項目を読みなさい。読みながら、自分に当てはまると思う点に下線を引きなさい。読み終わったら、もっとも自分に当てはまると思う項目を「1」として、順位をつけなさい。大半の場合、自分は何項目かの組合せだと考える。

▼

R〈現実的〉 順位＿＿＿＿＿
現実的な人は、外での活動や機械・電気系の活動を好む。人やアイデアより、ものを対象にした仕事を好み、強壮で、スポーツ好きで、冒険的な人が多い。
例．林業関係、大工、技師、警察官など

I〈研究的〉 順位＿＿＿＿＿
研究的な人は、研究、分析、評価、問題解決などの活動を好む。アイデア（概念）を対象にした仕事を好み、洞察的で独立的、好奇心旺盛な人が多い。
例．学者、研究者、コンピュータプログラマーなど

A〈芸術的〉 順位＿＿＿＿＿
芸術的な人は、作曲、文筆、演劇、自己表現などの活動を好む。アイデア（概念）を対象にした仕事を好み、周囲に従ずることなく、敏感で直感的な人が多い。
例．写真家、図書館司書、作家・ノンフィクション作家など

S〈社会的〉 順位＿＿＿＿＿
社会的な人は、人にものを教えたり、説明、手助け、トレーニングなどの活動を好む。人との関わりを好み、責任感があり、協力的で、理解に富み、他の人に対して優しい人が多い。
例．教師、保護観察官、看護士など

E〈企業的〉 順位＿＿＿＿＿
企業的な人は、販売、人員管理、スピーチ、政治的なかけひきなどの活動を好む。人との関わりを好み、野望的、おしゃべり、エネルギー旺盛、ステイタス好きな人が多い。
例．政治家、生命保険員、人事部責任者、企業の上層部など

・内容スキル
ある仕事に必要な具体的知識、またはトレーニングから発展するスキルをいう。たとえば、スポーツエージェントの場合、契約交渉の方法を知っていなければならないが、これには法律や契約に関する具体的な知識が必要である。

・適応スキル
さまざまな状況に適応するスキルであり、性格である。モチベーションを維持できること、主導権をもてること、根気があることなどは、仕事での成功に活かせる適応スキルである。

・移行可能スキル
ある役割で学んだスキルのうち、他の役割にも応用できるスキルをいう。スポーツ選手はスポーツで学んだことはスポーツ以外には活かせないと考えがちだが、スポーツ選手として身につけたスキルは他の役割においても利用できる。たとえば複雑なトレーニングやパフォーマンスの戦略を立てるといった概念的なものから、熱心さや自己管理力

C〈慣習的〉 順位＿＿＿＿＿＿
慣習的な人は、タイピング、ファイル管理、整理、図の作成、記録の保管などの活動を好む。良心的で実利的、体系的な人が多い。
例．会計士、統計学者、電話オペレータ、校正者など

1位：＿＿＿＿＿＿＿＿＿＿＿＿＿＿＿＿

2位：＿＿＿＿＿＿＿＿＿＿＿＿＿＿＿＿

3位：＿＿＿＿＿＿＿＿＿＿＿＿＿＿＿＿

注．興味の対象がどのような職業に関連しているか興味のある人は、『Dictionary of Holland Occupational Codes（ホランド職業コード辞典）』（Gottfredson & Holland, 1989）を参照しよう。RIASECに基づいて12,000以上の職種がコード化されている。

Work Sheet5.4

ー興味の対象の評価ー

分野	興味のある活動	興味がない	まあまあ興味がある	たいへん興味がある
R〈現実的〉	・外での活動	＿＿＿	＿＿＿	＿＿＿
	・冒険	＿＿＿	＿＿＿	＿＿＿
	・機械関連	＿＿＿	＿＿＿	＿＿＿
I〈研究的〉	・科学	＿＿＿	＿＿＿	＿＿＿
	・数学	＿＿＿	＿＿＿	＿＿＿
	・医療	＿＿＿	＿＿＿	＿＿＿
A〈芸術的〉	・音楽・劇	＿＿＿	＿＿＿	＿＿＿
	・芸術	＿＿＿	＿＿＿	＿＿＿
	・文筆	＿＿＿	＿＿＿	＿＿＿
S〈社会的〉	・教師	＿＿＿	＿＿＿	＿＿＿
	・社会福祉	＿＿＿	＿＿＿	＿＿＿
	・チームスポーツ	＿＿＿	＿＿＿	＿＿＿
E〈企業的〉	・人前での講演など（パブリック・スピーキング）	＿＿＿	＿＿＿	＿＿＿
	・法律・政治	＿＿＿	＿＿＿	＿＿＿
	・商品・販売	＿＿＿	＿＿＿	＿＿＿
C〈習慣的〉	・デスクワーク	＿＿＿	＿＿＿	＿＿＿
	・細かい作業	＿＿＿	＿＿＿	＿＿＿

質問

1．「たいへん興味がある」欄を見てみよう。ある分野に集中してチェックマークがあるだろうか。どの分野を仕事として考えられるだろうか。趣味として分類できるのはどれだろうか。

2．現在すでにしている活動のうち、なにに一番興味が持てるか。まだ経験はないが試したいと考えている活動はあるか。

3．もっとも興味のある分野について、それになぜ一番興味があるのか、考えてみよう。
どのような新しい活動をしたいか。それはどの興味分野に属するか。

（注）いろいろな活動にチェックがついた場合は、興味がバラエティに富んでいることを意味する。それ自体に問題はないが、自分の価値観やスキルをさらに慎重に見極め、キャリアの選択を狭める必要があるかもしれない。

など、適応可能なものまでいろいろある。チームメイトと協力し合うスキルなどは、職場における同僚とのチームワークにも応用できる。

大抵のスポーツ選手は自分の能力や才能におごらないようにとジュニア時代から教えられることが多いため、自分の持っているスキルを自分自身で明らかにするのが難しいこともある。だがキャリアプランにおいては、自身の持つスキルを見極めることが非常に重要だ。それを把握することで自信が持てる上に、雇い主が自分についてより理解を深めるようなアピールができるようにもなるからだ。次の［ワークシート5・5］［ワークシート5・6］［ワークシート5・7］は、内容スキル、適応スキル、移行可能スキルを識別するための練習問題である。ワークシートを完了させることで、スキルに関する知識や語彙が豊富になるだろう。その語彙を使うことで、たとえば面接の際に相手とコミュニケーションをはかり、将来の活動や経験を効果的に分類することができるだろう。

S〈社会的〉
・人に助言・カウンセリングを与える ＿ ＿ ＿ ＿
・なにかの活動をまとめる ＿ ＿ ＿ ＿
・人の話を聞く ＿ ＿ ＿ ＿
・人の仲裁をする ＿ ＿ ＿ ＿
・教える・コーチをする ＿ ＿ ＿ ＿
・さまざまな人と会話をする ＿ ＿ ＿ ＿
・チームで効果的に仕事をする ＿ ＿ ＿ ＿
・いろいろな人と付き合える ＿ ＿ ＿ ＿
・子どもを相手にする ＿ ＿ ＿ ＿
・人を励ましサポートする ＿ ＿ ＿ ＿

E〈企業的〉
・お金を集める ＿ ＿ ＿ ＿
・人を説得する ＿ ＿ ＿ ＿
・人の管理・監督をする ＿ ＿ ＿ ＿
・人前での講演など(パブリック・スピーキング) ＿ ＿ ＿ ＿
・資金を集める ＿ ＿ ＿ ＿
・製品を売る ＿ ＿ ＿ ＿
・ミーティングを開催する ＿ ＿ ＿ ＿
・テーマを討議する ＿ ＿ ＿ ＿
・法律や契約を理解する ＿ ＿ ＿ ＿
・「お買い得」な物件を探す ＿ ＿ ＿ ＿

C〈慣習的〉
・記録をとる・簿記 ＿ ＿ ＿ ＿
・作業が正確かをチェックする(校正) ＿ ＿ ＿ ＿
・細かい仕事 ＿ ＿ ＿ ＿
・人の活動の計画を立てまとめる ＿ ＿ ＿ ＿
・手順にしたがう ＿ ＿ ＿ ＿
・情報を正確に写す ＿ ＿ ＿ ＿
・ファイルする ＿ ＿ ＿ ＿
・予算を準備する ＿ ＿ ＿ ＿
・タイピング・ワープロ入力 ＿ ＿ ＿ ＿

○内容スキル　自分への問い
・どの分野でもっともスキルを発達させただろうか。
・その分野は自分の興味分野と一致しているだろうか。
・どのような新しいスキルを発達させたいだろうか。そのスキルはどのグループに属するだろうか。

Work Sheet5.5

―内容スキルの診断―

ホランドの六角形にしたがい、スキルを分けることもできる。下記はホランドの分類による内容スキルである。学校、仕事、スポーツ、課外活動などでうまくいった経験を考えてみよう。そしてそのスキルがどれだけ発達したか考え、「大変発達した」「まあまあ発達した」「すこし発達した」「まったく発達しなかった」にそれぞれ印をつけよう。

▼

スキル	まったく発達しなかった	すこし発達した	まあまあ発達した	大変発達した
R〈現実的〉				
・機械の運転・操縦				
・装置などの修理				
・物を作る・建てる				
・体力面のスタミナ				
・物を組み立てる				
・道具を使った作業				
・形や寸法を視覚化する				
・物理的なスペースを推定する				
I〈研究的〉				
・問題を慎重に解析する				
・正確に問題を解決する				
・科学的な原則を理解する				
・パズルを解く				
・新しいテーマの研究				
・データ解析の実践				
・グラフや図を読む				
A〈芸術的〉				
・小説や詩を書く				
・なにかをする新しい方法を構案する				
・譜面を読む・楽器を弾く				
・考えや情報を文章で表現する				
・絵を描く				
・インテリアデザイン				
・外国語				
・人前で演じる				

Work Sheet5.6

—適応スキル練習問題—

以下は、人の性格のリストである。あなたをもっともよく表していると思うものを20項目選び、○をつけなさい。

▼

積極的	明るい	遠慮がない	クリエイティブ
効率的	付き合いやすい	大胆	良心的
思いやりがある	大胆	パワーがある	寛大
協力的	温かい	勇気がある	勤勉
倫理的	ユーモアがある	正直	自立している
論理的	大人である	開放的	社交的
時間厳守	ゆったり	信頼できる	賢明
誠実	他己的	革新的	説得力がある
忠実	几帳面	きちんとしている	アイデアが豊富
頭がきれる	気配りができる	柔軟	知性的
優しい	謙虚	きれい好き	楽観的
根気強い	洞察的	礼儀正しい	誠実
熱心	理解がある	道理をわきまえている	
忍耐強い			

〈自分への問い〉

・新しい状況に対処する際、○をつけた性格がどのように役立っているだろうか。

・スポーツではどのスキルをもっともよく使うか。

・仕事ではこのスキルをどのように使えるだろうか。

Work Sheet5.7

―移行可能スキル―

次の移行可能スキルの練習問題は、引退間近、あるいは最近引退した五輪選手用に作成されたものである。スポーツに関連するスキルを見極め、仕事に関連するスキルに変えられるよう手助けをするための練習問題である。

▼

〈セクション1〉

ここでは、スポーツで培った性格やスキルを見極める練習をする。次の質問に、それぞれ最低5項目ずつ答えを書きなさい。

A.

①コーチやチームメイトはスポーツ選手にどのような性格や特徴を求めていると思うか。

②上記以外でスポーツに大切な性格や特徴はなにか。

③あなたのスポーツでの成功に役立った性格や長所はなにか。

④競技前の厳しい特訓から得たことはなにか。

⑤競技そのものから得た教訓はなにか。

B.

・Aの①と②で答えた性格や特徴と、仕事をする際に雇い主が望む性格や特徴を比較し、共通点と相違点を説明しなさい。

・Aの①と②で答えた性格や特徴が、キャリア開発と人生における決定に対してどのような重要な意味を持つか、説明しなさい。

・Aの③で答えた性格や長所が、キャリア開発と人生における決定に対してどのような重要な意味を持つか、説明しなさい。

・Aの④と⑤で答えたことが、スポーツ以外の分野にどのように適用できるか、説明しなさい。

・「チームワーク」という概念が職場にどのように適用できるか、考えなさい。職場に非常に役に立つと考えられるのは、なぜだろうか。

〈セクション2〉

スポーツ以外の分野に利用できるスキルを見極めよう。各カテゴリーに関して、あてはまるものをすべてチェックしよう。

	スポーツで成功するために重要	仕事で成功するために重要	自分が持つスキル	自分が獲得しなければならないスキル	備考
1．やると決めたらやり遂げる	___	___	___	___	___
2．勝つことも負けることも学ぶ	___	___	___	___	___
3．苦手な人と作業をする	___	___	___	___	___
4．忍耐力を培う	___	___	___	___	___
5．自己管理をする	___	___	___	___	___
6．健康維持に気をつける	___	___	___	___	___
7．人を尊重する	___	___	___	___	___
8．クリエイティブでいる	___	___	___	___	___
9．命令にしたがうことを学ぶ	___	___	___	___	___
10．自制心を学ぶ	___	___	___	___	___
11．コミュニケーションスキルを学ぶ	___	___	___	___	___
12．目的に打ちこみ、限界まで努力する	___	___	___	___	___
13．自分の限界を学ぶ	___	___	___	___	___
14．相手を憎むことなしに競争する	___	___	___	___	___
15．自分の行動に100％責任をとる	___	___	___	___	___
16．多大な時間とエネルギーをコミットメントすることを学ぶ	___	___	___	___	___
17．なにかを学ぶために批判とフィードバックを受け入れられる能力	___	___	___	___	___
18．リスクをおかすことを学ぶ	___	___	___	___	___
19．達成感を培う	___	___	___	___	___
20．自分を客観的に評価することを学ぶ	___	___	___	___	___
21．柔軟さを学ぶ	___	___	___	___	___
22．プレッシャーのなかでなにかをすることを学ぶ	___	___	___	___	___

2. 個人プロフィールをつくる

自分の価値観、興味、スキルそれぞれでの考察を終え、おそらく自分自身について新しい発見があったのではないだろうか。しかし、パズルのピースがまだバラバラのままのように感じるかもしれない。最後に、価値観、興味、スキルのピースを統合してそのパズルを完成させよう。

［ハイライトボックス5・2］は、ジーンが価値観、興味、スキルの評価後に作成した、個人プロフィールの抜粋である。

このリストを使って、ジーンは自分のもっとも重要な価値観、興味、スキルに合った理想の仕事について次のようにまとめた。

〈私にとっての理想の仕事とは、外での仕事やデスクワーク、図書館での作業などがすべて含まれるものだ。自分でスケジュールを組み、内容はバラエティにあふれている。歴史を勉強して名所旧跡を訪ね、学んだことを書きたい。博物館に勤務し、歴史的名品などを収集する。展示する際にはそれについて書き記したり、歴史関係の雑誌などに記事を書きたい。〉

次は、あなたの番だ。［ワークシート5・8］に自分の個人プロフィールを作成しよう。将来の仕事に関する考えをさらにまとめてみよう。次章では、このプロフ

Highlight Box5.2

—個人プロフィール—

〈価値観〉

キャリア：達成感、自立性、独立性、クリエイティブ、多様性
ライフスタイル：友人との交友、旅行

〈興味〉

レクリエーション：バスケットボール、音楽、伝記を読む
キャリア：文筆、音楽、アウトドア、法律・政治、冒険

〈スキル〉

内容的：新しい物事の調査、ものを書くこと、人の話をよく聞くこと、チームワーク、活動を計画すること

適応的：信頼できる、勤勉、クリエイティブな、忍耐強い、知性的、仕事熱心、洞察的

移行可能的：自分に厳しい、自己管理力のある、プレッシャーに強い

○このリストを使用して、ジーンは自分のもっとも重要な価値観、興味、スキルに合った理想の仕事について次のようにまとめた。

〈私にとっての理想の仕事とは、外での仕事やデスクワーク、図書館での作業などがすべて含まれるものだ。自分でスケジュールを組み、内容はバラエティにあふれている。歴史を勉強して名所旧跡を訪ね、学んだことについて書き記したい。博物館に勤務し、歴史的名品などを収集する。展示する際にはそれについて書き記したり、歴史関係の雑誌などに記事を書きたい。〉

Work Sheet5.8

—個人プロフィール—

［ワークシート5.2］から［ワークシート5.7］で記入した答えを使って、自分にとってもっとも重要な価値観、興味、スキルのリストを作成しよう。

▼

〈価値観〉

キャリア ＿＿＿＿＿＿＿＿＿＿＿＿＿＿＿＿＿＿＿＿

＿＿＿＿＿＿＿＿＿＿＿＿＿＿＿＿＿＿＿＿＿＿＿＿

＿＿＿＿＿＿＿＿＿＿＿＿＿＿＿＿＿＿＿＿＿＿＿＿

ライフスタイル ＿＿＿＿＿＿＿＿＿＿＿＿＿＿＿＿＿

＿＿＿＿＿＿＿＿＿＿＿＿＿＿＿＿＿＿＿＿＿＿＿＿

＿＿＿＿＿＿＿＿＿＿＿＿＿＿＿＿＿＿＿＿＿＿＿＿

〈興味〉

リクリエーション ＿＿＿＿＿＿＿＿＿＿＿＿＿＿＿＿

＿＿＿＿＿＿＿＿＿＿＿＿＿＿＿＿＿＿＿＿＿＿＿＿

＿＿＿＿＿＿＿＿＿＿＿＿＿＿＿＿＿＿＿＿＿＿＿＿

キャリア ＿＿＿＿＿＿＿＿＿＿＿＿＿＿＿＿＿＿＿＿

＿＿＿＿＿＿＿＿＿＿＿＿＿＿＿＿＿＿＿＿＿＿＿＿

＿＿＿＿＿＿＿＿＿＿＿＿＿＿＿＿＿＿＿＿＿＿＿＿

〈スキル〉

内容的 ＿＿＿＿＿＿＿＿＿＿＿＿＿＿＿＿＿＿＿＿＿

＿＿＿＿＿＿＿＿＿＿＿＿＿＿＿＿＿＿＿＿＿＿＿＿

＿＿＿＿＿＿＿＿＿＿＿＿＿＿＿＿＿＿＿＿＿＿＿＿

適応的 ＿＿＿＿＿＿＿＿＿＿＿＿＿＿＿＿＿＿＿＿＿

＿＿＿＿＿＿＿＿＿＿＿＿＿＿＿＿＿＿＿＿＿＿＿＿

＿＿＿＿＿＿＿＿＿＿＿＿＿＿＿＿＿＿＿＿＿＿＿＿

移行可能的 ＿＿＿＿＿＿＿＿＿＿＿＿＿＿＿＿＿＿＿

＿＿＿＿＿＿＿＿＿＿＿＿＿＿＿＿＿＿＿＿＿＿＿＿

＿＿＿＿＿＿＿＿＿＿＿＿＿＿＿＿＿＿＿＿＿＿＿＿

○理想の仕事

個人プロフィールのデータを使って理想の仕事について書いてみよう(理想の仕事とはどのようなものか)。まず次のガイドラインにしたがってみよう。

A．個人プロフィールからもっとも重要な特徴を5つ選びなさい。各項目の後に価値観、興味、スキルのいずれかを書きなさい(例．人と作業をする—興味、達成感—価値観)。

1．
2．
3．
4．
5．

B．Aで価値観、興味、スキルのどれかが欠けている場合は、いくつか特徴を追加して、3つ分野のすべてが含まれるようにしなさい。

1．
2．
3．

C．上で挙げた価値観、興味、スキルを生活面ではなく仕事面で使いたいかどうか、考えなさい。

私の理想の仕事は：

ィールを異なる仕事環境で比較し、キャリア探求について考える。それぞれの職業がもたらす価値観、興味、スキルは異なる。自分がなにを望んでいるかをきちんと理解している人は、適切な職業を選べるものである。

3. 本章のまとめ

自己探求は、人生、またはキャリアプランにおいて重要な要素である。「役割」は大切なニーズを満たすチャンスを提供する。また役割は価値観、興味、スキルを発展させる背景でもある。現在および将来の役割を見極めることは、人生のプランを立てる枠組みになり、「興味」「価値観」「スキル」を見極めることはキャリアのプランを立てる枠組みになる。次章では、いろいろなキャリアを調べて行く際に、この枠組みを使用する。

本章では、次のことについて学んだ。

1. 個人の人生はさまざまな役割によって構成されるが、各役割が時間を経つにつれて変わり、またそれぞれが果たすニーズも異なるものである。

2. 価値観、興味、スキルはキャリアを考える際に重要な要素である。価値観は自分にとってなにが大切かを決定する事柄、興味は自分が好きな事柄、スキルは自分が得意な事柄をそれぞれ意味する。

3. 自分の価値観、興味、スキルを満たす仕事に就くことは、キャリアと人生の満足度を高めることにつながる。

参考文献

- Campbell, D.P., Borgen, F.H., Eastes, S., Johansson, C.B., & Peterson, R.A.(1968). *Journal of Applied Psychology Monographs*, 52, No.6, Part 2.
- Gottfredson, G.D. & Holland, J.L.(1989). *The dictionary of Holland occupational codes*(*rev. Ed.*). Odessa, FL: Psychological Assesment Resources.
- Holland, J.L.(1966). *The psychology of vocational choice.* Waltham, MA: Blaisdell.
- Holland, J.L.(1973). *Making vocational choices: A theory of careers.* Englewood cliffs, NJ: Prentice-Hall.
- Holland, J.L.(1985). *Making vocational choices: A theory of vocational personalities and work environments.*(*2nd Edition*). Englewood Cliffs, NJ: Prentice-Hall.
- Super, D.E.(1990). A life-span, life-space approach to career development. In D. Brown, L. Brooks, and Associates, *Carrer choice and development.* (*2nd Edition*), 197-261. San Francisco: Jossey-Bass.

第6章 キャリア探求

自分自身についてよく把握していたとしても、仕事一般に関して知識不足である場合、適切なキャリアを選ぶにあたっては、およそ二つの問題が発生すると考えられる。一つは、自分にどのような選択肢があるかわからないため、キャリア選択の幅に限界があることである。もう一つは、なんらかのキャリアに関して、イメージや伝聞だけで間違った認識をしてしまうことである。他人からの情報やアイデアは、必ずしも事実に基づいているとは限らない。あるキャリアに関して、勝手な想像のみで関わり出す前に、自分がそのキャリアについて正しい情報を得た上で「どう感じるか」を見極めることが賢明だろう。

本章では、職業に関する知識不足から起こり得る、このような問題を避ける方法について説明する。また、キャリア探求のモデルと、探求を妨げる要素、職業の分類、そしてキャリアに関する情報を集める戦略について、解説していこう。

1　キャリアと探求プロセス

キャリア探求について検討する前に、「仕事」「職業」「職業分野」「キャリア」「転職」という、それぞれの言葉の意味の違いについて考えよう。

本書では、「仕事」とは労働作業そのものをいう。あなたも今までライフガードやウェイター、販売員などのアルバイトを経験したことがあるのではないだろうか。長く将来を見据えたものではなく、ある一定の期間、アルバイト代を得るために行うような、そういった作業は「仕事」ということになる。

「職業」とはより広範囲の意味で、いろいろな場面にまたがって行うある作業のことをいう。たとえば、心理学者が講師として、企業、学校、政府機関などに対して研修などを行ったとする。そういう場合、彼は講師という「仕事」だけを持っているのではなく、心理学者という「職業」の範囲内に、そういった「仕事」を行っているということになる。

「職業分野」とはさらに広範囲にわたるもので、関連する職業すべてが含まれたものをいう。たとえば、医療という「職業分野」には医師、看護師、医療技術士、研究者など多様な「職業」を持つ人間が従事している。

「キャリア」の意味は、また少し異なる。「キャリア」とは計画的な、または目的のある結果を導く一連の「仕事」である。個人の経歴や、さまざまな「仕事」「職業」、そして「職業分野」をも含む。たとえばスポーツ用品店を経営するという「キャリア」上の目的がある場合、その勉強のためにまず販売、経営、帳簿などの「仕事」に就くことが考えられる。またスポーツ界に人脈をつくるために、副業としてコーチという「仕事」をするかもしれない。これらの「仕事」は、「職業」としてはそれぞれ異なり、共通性を持たないが、目的とする「キャリア」のためのスキルとトレーニングを与えてくれるという意味で、すべて「キャリア」の一部ということになる。

一方、「転職」とはある職業分野からまったく関連のない分野への移行である。たとえばエンジニアだった人が、小学校教員になったとしたら、それは「キャリア」の変更であり、「転職」という定義になる。

キャリアを探求するということは、見知らぬ土地へ冒険に出ることに似ている。エキサイティングではあるが、自分の力と限界を把握し、その土地の地図を持っていれば非常に心強いだろう。地図や情報があれば迷子になることはなく、コミュニケーションをとることや新しい文化への順応もしやすくなる。前章ですでに自己探求の方法について学んだが、本章ではキャリアに関しての探求を進めよう。新しい「キャリア」という土地の地図や情報を得よう。

キャリア探求に必要なスキルを学ぶための「枠組み」はすでに設定してある。この枠組みとは、あなたがキャリアに関する情報を集めるにあたって、手助けとなるだろう。前章までで学んだ、あなたの価値観、興味、スキルのことである。この枠組みを活用して目指すべきことは、さまざまな職業やキャリアの道を探求し、自分にもっとも合う分野に選択肢を絞ることだ。キャリア探求のプロセスは、職業の情報を集め、異なる職業に関して比較、評価し、決定を行う一つのサイクルだ。自分のニーズを満たし、価値観と興味とスキルに最適の職業に出会うまで、このプロセスを繰り返す。そして自分に最適な職業を選んだ後、「キャリア探求」から、選んだ職業を獲得するための職業サーチ戦略、すなわち「キャリア獲得」へと進むのである。キャリア獲得に関しては、第8章にて説明する。

［図6・1］は、キャリア探求のプロセスを示している。職業・キャリアに関する情報を集めるための、いわば案内図である。

［図6・1］を見てわかるように、キャリア探求は、自分の趣向と職場環境との最適な相性を見いだすために、自分自身、キャリア、職業、仕事に関する情報を集

める継続的なプロセスともいえる。キャリアは時間とともに進化する。あまり面白さを感じられないレベルの仕事も、さらに満足のいく仕事に移行するための一段階として選ばなければならないかもしれない。どのような仕事でも、キャリア開発には役立つはずだ。

残念ながら、希望とキャリアが最初から完全に一致するケースは珍しい。したがって、仕事上で、どれだけ自分の満足度が満たされるかを見極めることが重要である。［図6・2］はこの点を説明したものである。

［図6・3］からわかるように、個人プロフィールとキャリアプロフィールは重なる部分がある。仕事の満足度は、自分の価値観、興味、スキルが仕事の特徴とどれほどマッチするかにかかっている。すでに前章で、自分にとって重要な価値観、

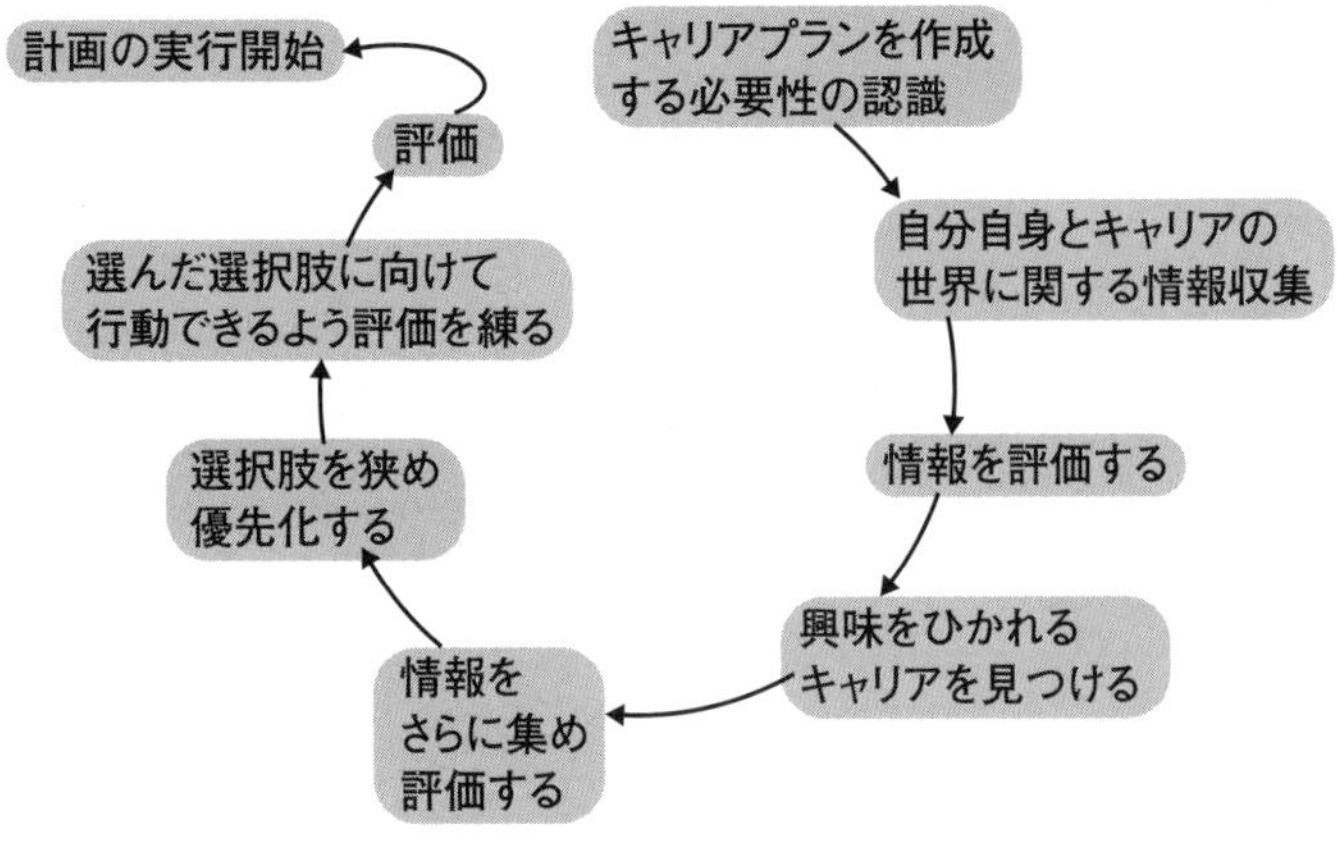

図6.1　キャリア探究のプロセス

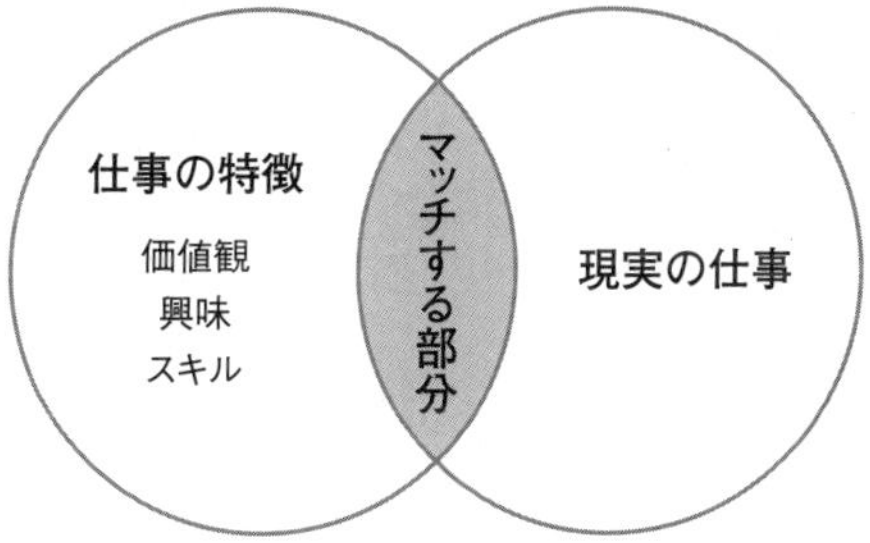

図6.2　個人と現実の仕事の関係

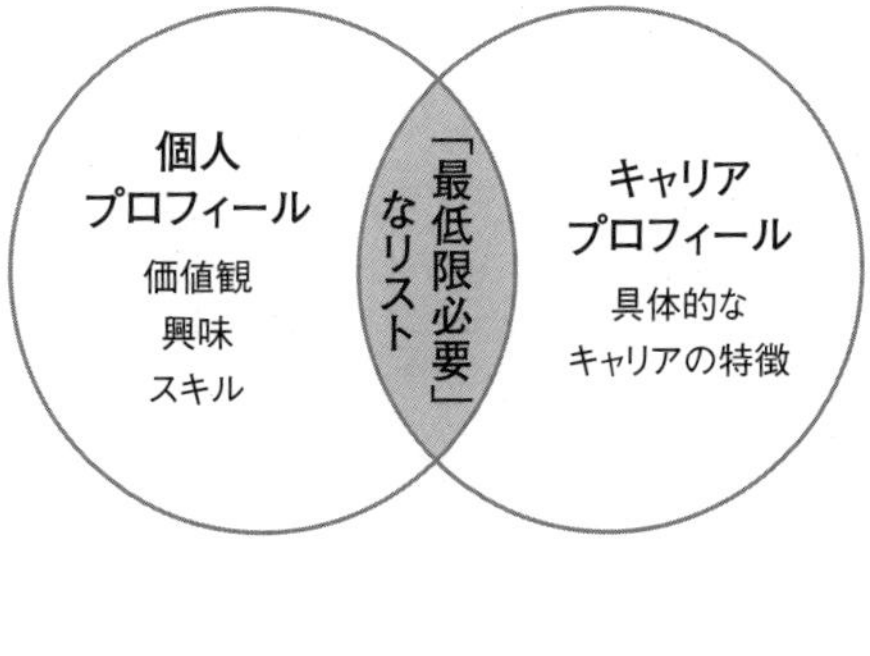

図6.3　個人的プロフィールとキャリアプロフィールの関係

興味、スキルについて明らかにした。理想のキャリアは直接的あるいは間接的に個人プロフィールのもっとも重要な条件を満足させるだろう。少なくとも、キャリアは［図6・3］で示したように、個人プロフィールの「最低限必要」なリストと重なるはずだ。

キャリア探求プロセスを始める前に、キャリア選択の道を阻むいくつかの障害について見ていこう。

2　障害や偏見

私たちは職業に関してあるイメージを持つことが多い。会計士や公務員は退屈で、機械工や大工は男性の仕事、教師は安月給…というようにである。こういった固定観念は、実はあなたにぴったり合うかもしれないキャリアへの道を阻んでしまうことがある。このようなイメージは、家族の意見から来るものかもしれない。たとえば、ビジネスマンとして成功している大好きな叔父がいて、彼が社交的で魅力的な人物である場合、その叔父のようには絶対なれないと悲観してしまうようなケースが考えられる。このような固定観念に引きずられると、キャリアの選択肢が狭くなってしまう。

キャリア探求を阻むのは、固定観念だけではない。周りからの期待も障害となる。たとえば技術予備科で苦労した結果、キャリアカウンセリングにやってきた、ある大学アメリカンフットボール選手の例がある。彼の家では、父と兄三人がみなエンジニアだったことから、エンジニアになることが家族の伝統だということで暗黙の了解になっているということだった。しかし、彼の価値観、興味、スキルは、ビジネスに向いていることを示していた。だが彼はビジネス科への転向をためらった。驚いたことに、なぜエンジニア以外の仕事を選ぶのをためらうのか、自分でもわからないという。父や兄と同じ道を進むという家族からの期待が大変強いことに自分では気づいていなかったようである。

また、あるアメリカンフットボール選手の場合、別のタイプの周囲の期待を背負っていた。彼が育った地域はあまり環境がよいとはいえず、キャリアと呼べるものに就いた人がいるかどうかさえわからないほどだったので、彼の周囲の人々は彼にスポーツで成功することのみを望んでいた。

ある女性バスケットボール選手は、彼女は将来についてどうすればいいのかわからなくなり、キャリアカウンセリングにやってきた。彼女は医学部で優秀な成績を修めていたが、医師になるべきかどうか悩んでいた。彼女の父親は医師であったが、家にいることがほとんどなかったため、彼女はいつも寂しかった。自分が医師になることで、家族に同じ思いをさせたくなかったのである。成績もよかったし、勉強の内容は好きだったが、他の学部への変更を考え始めていた。彼女の場合、医師という職業は彼女に合っていたかもしれないが、父親と同じような生活はしたくないと考えたのだ。

また、私たちは自分自身に対して必要以上に期待をかけるものである。スポーツ選手はよいパフォーマンスをすることに慣れている。そしてそのような高レベルの基準をキャリア探求にも当てはめて考えがちだ。そのために、スポーツ選手は彼らにとって馴染みのあるスポーツ分野の仕事や、自信が持てる仕事にのみ目を向けることが多い。たとえば、スポーツでコーチをすることに関しては自信があっても、経験のない仕事に関しては自信を持てないため、キャリア探求をする上での選択肢には加えないといった例である。新しいキャリアを探求するということは、新しいスポーツを始めるのと同じなのだということを忘れてはならない。最初は少しぎこちなく感じてもそれは当然のことであり、練習が必要であることを理解すべきである。

このように固定観念または他人や自分が持つ期待というのは、明確な形をとっていない場合もあるが、キャリア決定をするにあたって影響は大きい。満足のいくキャリアを見つけるには、まず選択候補を最大限に広げ、そこから体系的に自分のプロフィールに合わないものを消去していくのがよい。このような選択肢をどのように見極めるのか、次節で見ていこう。

3　職業の分類

希望の仕事についての候補をまとめるには、職業がどのように分類されているかを理解する必要がある。職業は通常、「スキルレベル」と「分野」によって大きく分けることができる。「スキルレベル」とは、仕事で要求される条件を満たすのに必要なスキルの重要さの度合いを意味する。「分野」は、データ、人、物の三つのカテゴリーのどれを対象にするかによって分けることができる。『職業名事典』†では、職業名ごとにデータ、人、物に関連する必要なスキルのリストがまとめられている。スキルは、基礎から高度なスキルまでのレベルに応じてコード化されている。たとえば、図表の校正には、基礎的なスキルが必要だが、データを統合し解析するのに必要なのは高いレベルのスキルである。在庫担当者は基礎的なスキル、研究専

† 『職業名事典』
第二章五十五ページ参照。

門科学者は高度なスキルが必要となる。

職業はまた、興味・能力の分野によっても分類される。前章のホランドの六角形モデルは［図6・4］のように職業の分類にも応用できる。

このように職業はいろいろな方法で分類され、大半のキャリア情報に関する書籍やリソースには、なんらかの形で仕事のレベルや分野が記されている。職業分類を理解することにより、情報の検索方法がわかり、適切な質問ができるだろう。新聞、雑誌、図書館、そしてもちろん口コミなどからも便利な情報が得られる。利用できるリソースはすべて使

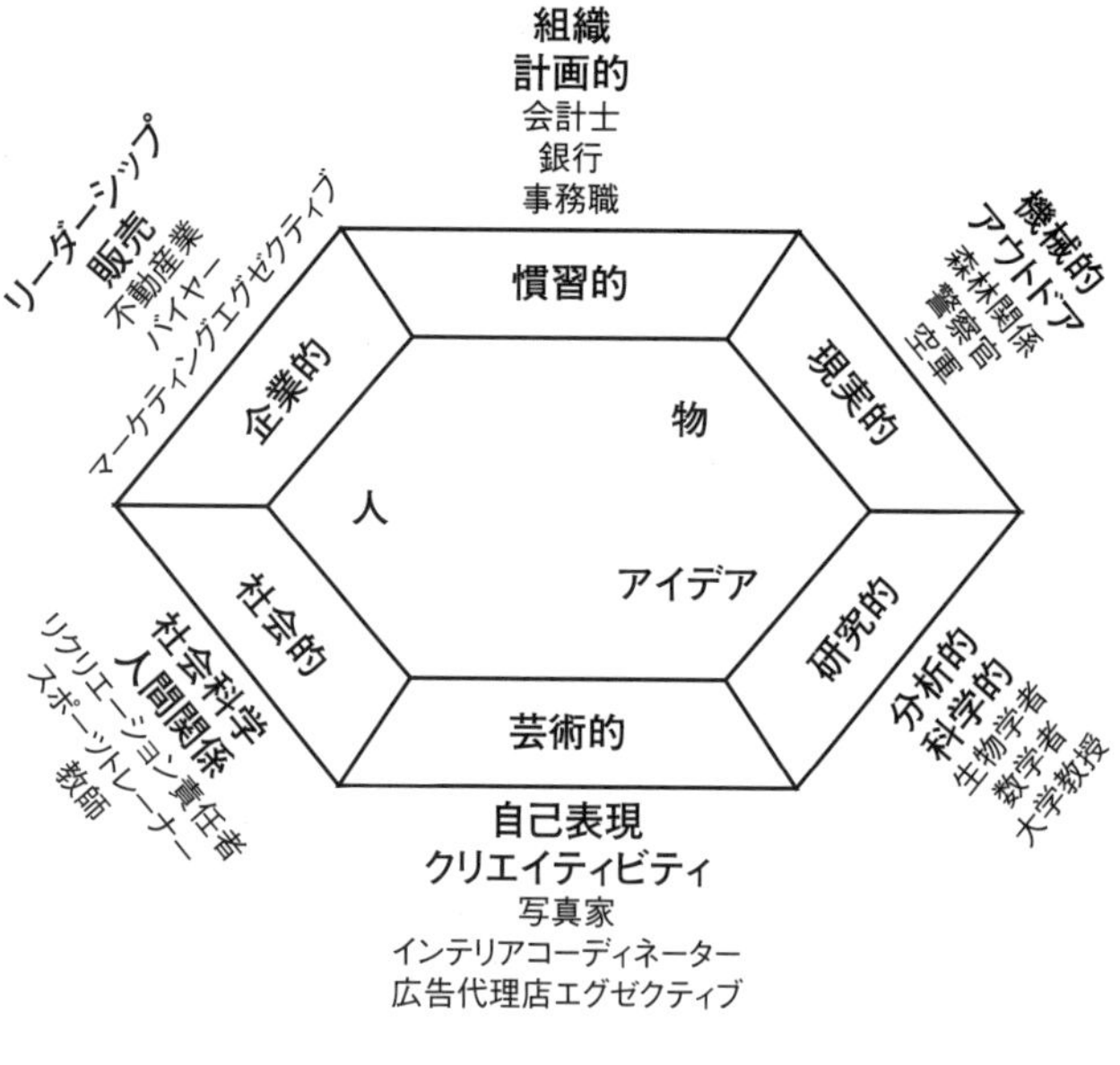

図6.4　ホランドの六角形モデルの拡張版

うようにしよう。

次に、効率的なキャリア探求の戦略について検討しよう。仕事の環境についての概要がまとめてある資料を紹介する。さらにその他の具体的な例や資料でそのプロセスを紹介し、最後に効果的な情報収集目的の面接方法とシャドーイング（実地見学）について述べる。

4　キャリア探求の戦略

キャリア探求を始める時点で、大抵の人が次の二つのタイプに分かれるものである。まず一つは、具体的なキャリアを最初から念頭に置いているタイプである。そのキャリアについて細かな知識があるわけではないが、興味をひかれる、という具合だ。あるいは周囲の人の影響から、あるキャリアを心に決めている人もいる。たとえば、あるスポーツ選手はこう語っている。

「両親が教師だったので、最初から私は教師になると決めていた」。

そしてもう一つのタイプは、自分がなにを好きなのかはわかるが、どのようなキャリアに興味がわくかはわからないという人である。スポーツ選手はスポーツ関連の仕事をしたいとよく言うが、スポーツ関連のどのような仕事に興味があるのかわからないというようなタイプだ。

この二つのタイプは、キャリア探しにおけるそれぞれの問題を示している。最初のタイプでは、進む道はわかっているが、自分の望んでいる志向を省みていないという問題がある。次のタイプでは、自分の志向は理解しているが、具体的なキャリアを見つけていないという問題がある。

前者では、まず興味のあるキャリアに関して情報を集めてから、自分の個人プロフィールを検討し、価値観、興味、スキルと重なる部分があるか見てみるとよい。長い間憧れている職業がある場合は、この方法が迅速で簡単だろう。まずは現実的な評価や比較をしてみることが大切だ。その次に、その職業に必要なトレーニングのタイプやレベルなど、具体的な情報を集めることが重要になる。

後者では、まず個人プロフィールを検討し、自分が興味のある分野を明確にする。次にその情報を使って、自分に合う職業を見つける。関連している職業として、また別の職業を複数見つけられるかもしれない。その場合、働き始めてからの選択肢はさらに増えるだろう。

では、それぞれのタイプについて具体例を挙げながら、さらに考えてみよう。

タイプ1
―どんなキャリアが好きかはわかるが、それが具体的にどんなものなのかがわからない―

これはすでに自分が好きな職種はわかっているが、さらに情報が必要だというタイプだ。ここで説明する戦略は、他の戦略ほど細かくはないが、具体的な質問に対する手早い答えが必要な場合は便利である†。

まずは、図書館や進路相談室に行き、『職業ハンドブック』†『職業探求ガイド』†、そして『職業名事典』†などのページをめくることから始めよう。

スポーツキャスターになりたいと考えているある女子学生は、学校の図書館に行き、『職業ハンドブック』を借りて、索引から「スポーツキャスター」を引き、関連職業としてラジオ・テレビのアナウンサーやニュースキャスターという職業名があること、仕事の内容や条件、雇用への道、トレーニング、必要な資格、昇進、将来的な見通し、平均年収、その他の情報について読んだ。自分の個人プロフィールを見ると、価値観は「達成感」、興味は「芸術と自己表現」、スキルは「高校演劇」とあり、すべてこのキャリアに合うだろうと考えた。自分にとってこの仕事はすばらしいものに思えたが、一方で競争が激しいことから、自分がなれるのかどうか不安を感じた。次に、このキャリアの関連職業の欄に目を通すと、ラジオ・テレビの

†手早い答えが必要な場合は便利である
日本では日本労働研究機構より発行されている「職業ハンドブック」という冊子がある。また近年Web上で見ることができる関連サイトが日本でも検索可能になっている。

†『職業ハンドブック』『職業探求ガイド』『職業名事典』
第二章五十五ページ参照。

アナウンサーやニュースキャスター、広報スペシャリスト、レポーター、通信特派員、記者、編集者など、「コミュニケーション」分野のさまざまな職業名があった。それらの業務内容も読み、面白さを感じたが、やはりキャスターの方が興味深いと感じた。その他の情報に紹介されていた参考資料を使って、さらに情報を取り寄せることを決めた。

このようなプロセスにより、この学生はよりよい決定ができるような情報を集めることができた。価値観、興味、スキルが自分が選んだキャリアに合うことはわかったが、非常に競争率の高い仕事獲得に向けて多くの時間やエネルギーを費やすべきか決めなければならない。リスクをおかして決定をする方法については次章で述べるが、ここでは次のタイプの例に移ろう。

タイプ2

—なにが好きなのかはわかるが、どのようなキャリアがあるのかがわからない—

価値観、興味、スキルを書いた個人プロフィールは、職業関連の情報を集め、評価するのに役立つ。ここで、『職業探求ガイド事典』†を使って、職業に関する情報がどのように記載されているか見てみよう。この本では、二千五百種類以上の職種が十二の分野に分けて紹介されている。この十二分野は、ホランドの六角形モデル

† 『職業探求ガイド事典』第二章五十五ページ参照。

に対応している。

・現実的――植物・動物、保護的、機械的、産業的
・研究的――科学的
・芸術的――芸術的
・社会的――協調的、人道的、身体的、パフォーマンス
・企業的――販売、リーダー、影響
・慣習的――事務的

この十二分野のうち、さらに具体的な職業分野のリストがある。本書を使ってのキャリア探求のプロセスとして、社会的な職業に興味のある選手の例を紹介しよう。前章で例に登場した、コミュニティセンターで子ども相手の活動に面白さを感じていたジョーのことを覚えているだろうか。当初、レクリエーション関連の仕事は「スポーツ以外に能のないやつ」と思われるのが嫌で、キャリアの選択肢から排除していた。しかし、ビジネスという専攻に対して迷いがあったため、もう一度自分の興味を洗い直すことにしたのである。

まず、個人プロフィールで価値観、興味、スキルを再確認した。興味の大半は

「社会的」分野に分類された。次に『職業探求ガイド事典』で、「人道的」という分野を読む。「人道的」分野の定義は、「社会的」分野とほぼ同じであり、このカテゴリーから社会福祉などの人の手助けをする職業について調べた。社会福祉のプロがどのようなことをするのか、必要なスキルはなにか、準備としてはなにが必要かを調べた。また、この分野が自分に向いているかどうか確かめる質問にも答えてくれた(「アドバイスを求められることがあるか」など)。他のページでは、社会福祉に興味のある人が考慮すべき点が説明されていた。たとえば社会福祉のプロは、さまざまな個人的な情報を扱うこと、そして継続的な訓練が必要だということを知った。社会福祉の中でも、カウンセリングやソーシャルワークなど、さらに細かく分けられた分野についても読んだ。カウンセリングとソーシャルワーク分野の職業には、ケースエイド、ケースワーカー†、コミュニティーワーカー†、保護観察官、カウンセリングを専門とした心理学研究者などがあった。これらは具体的な業務や必要なトレーニング、そして相手にする人々などの面でかなり相違点があり、同じ分野の仕事でも、いろいろなレベルでの仕事があるということを学んだ。ジョーはまた、『職業探求ガイド事典』で役立つ情報を得た。そして次に、その社会福祉の仕事に必要なトレーニングのレベル別の職業情報の欄を見た。これは、トレーニングにどれぐらいの時間を費やすかということが彼にとって重要だったからである。自分の価値

†ケースワーカー
社会福祉相談員のこと。社会生活の中で困難や問題を抱え、専門的な援助を必要としている人に対して、社会福祉の立場から解決を図るための相談・援助を行う専門家。
(参照:「介護保険・介護福祉用語事典」http://www.kaigoweb.com)

†コミュニティーワーカー
福祉倫理に基づく人格のもとに、社会福祉に関連する専門的な知識・技術等を活用して、地域援助にあたる専門職者。
(参照:「介護保険・介護福祉用語事典」http://www.kaigoweb.com)

観と興味を満たすものであっても、トレーニングがあまり必要でないものを選ぼうと考えていたからだ。

彼はいろいろな職種について読み進めながら、興味がひかれるものを個人プロフィールのシートにメモした。次に職種の説明を再度読みなおし、その職種が自分の価値観、興味、スキルに合う場合はチェックマークをつけた。一時間ほどこのような作業をし、こうして複数の興味深いキャリアを知り、自分の志向と比較することができたのだった。

5　キャリア探求の開始

［ワークシート6・1］にキャリア探求の練習問題を用意した。ジョーにならって、あなたもキャリア探求を始めよう。

キャリア情報の入手　情報収集面接

図書館の利用は、キャリア探求に関する情報を得る上でもっとも重要なリソースであるが、だからといって本の虫になれといっているのではない。本の他にも、周

Work Sheet6.1

キャリア探求

ここでは、キャリアプロフィール表を作成し、自分の志向するキャリアの最低3種類について評価する。下表を利用して、もっとも重要な価値観、興味、スキルについてリストを書こう。これは、キャリアプロフィールの「最低限必要」リストになる。次に、『職業探求ガイド』『職業ハンドブック』や本書の付録にある資料などでさらに詳しく調べてみよう。職業名を3つ書き、職業の説明を熟読し、それがもっとも重要な価値観、興味、スキルに合うかどうか考えて、チェックマークをつけよう。たとえば、コーチ業について考えている場合、表は次のようになるだろう。

▼

もっとも重要な価値観，興味，スキル

職業	1. 教えること	2. 安定性	3. リーダーシップ	4. バラエティ	5. 達成感
コーチ	X		X	X	X

○自分用の表を作成しよう

下の表に、もっとも重要な価値観、興味、スキルをリストアップしよう。

職業	1.	2.	3.	4.	5.

りの人に話を聞き、キャリアについての情報を得ることは非常に有用なのだ。たとえば、学校の先生とは毎日話すだろう。先生に教師という職業に関してどんな部分が好きでどんな部分が嫌いなのか、聞いてみてはどうだろうか。その他にも、近所や地元の人、親戚など、キャリアについての情報を得られる人はたくさんいる。

こういった行動は「情報収集面接」のひとつともいえるだろう。情報収集面接とは、仕事に関してのより実際的な情報を集めるために、その仕事に関わる人たちに会い、話を聞くことである。前述の行動は、いわば略式の情報収集面接である。略式の場合は、たとえば隣りの家の人にその人の仕事について聞くため家を訪ねるというケースも考えられるだろう。情報を集められ、本当の面接にも活かせるスキルも身につくため、このようなリラックスした状況から始めるのもよいだろう。

正式な情報収集面接とは、面識のない人と会う約束をして面接をしてもらうことである。自分の興味のある分野の仕事について身近に知っている人がいなければ、正式な情報収集面接が必要になる。電話帳で調べるか、あるいは親戚・友人などに聞いて適切な人と会えるようにしよう。移動が多いスポーツ選手は、移動先で出会った人などに連絡するのもよいだろう。本書の第1部でも何度か繰り返したが、こういう場合に備えて現役中は、出会う人に名刺をもらうようにすべきなのである。知らない人に電話をして面接を申し込むのには抵抗を感じるかもしれないが、きちんと説明をすれば、大体の人は自分の仕事について話すことに悪い気はしないものだ。正式な情報収集面接に関しては、次の手順を参照してほしい。

・連絡する

①電話や手紙、メールなどで連絡をとる前に、話をする相手の名前と役職を確かめる。

②自己紹介し、誰かからの紹介であれば、その紹介者の名前を述べる。

③情報収集面接を希望する旨を述べ、仕事に関して知りたいのであって、仕事の面接ではないことをはっきり述べる。

④相手に都合のよい時間を指定してもらい、二、三十分ほど時間を割いてもらえるよう頼む。昼食を一緒にと誘うのもよい。

⑤会うことが難しいようであれば、誰か他の人を紹介してもらえないか聞いてみる。別の人に連絡する際、相手の名前を紹介者として出してよいかも聞く。

・面接の準備

①図書館に行ったり、ネットを通して、そのキャリアについて調べる。

②面接の相手が勤めている会社や組織についても可能な限り調べる。

③「なぜ」または「なに」などを含む具体的な答えが得られるような質問を四～五項目考える。たとえば次のような質問である。
・自分の仕事について、もっとも好きな部分、もっとも嫌いな部分はなにか。
・その仕事において、もっとも重要なスキルはなにか。
・その仕事にはトレーニングや教育が必要か。必要な場合、どの程度か。
・その分野に従事する人の平均年収はどれぐらいか。
・昇進の可能性はどれぐらいか。
・この仕事を専門としたときの再就職市場は。
・その仕事に関して、さらに学ぶにはどうしたらよいか。
・その仕事に関して、知っておくべきもっとも重要なことはなにか。
④きちんとした服装をして、面接場所への道のりを確認しておく。迷って面接に行けなかったということのないように。

・面接
①予定の時刻の十分前には到着していよう。
②自己紹介をして、時間を割いてもらったことへの礼を伝え、再度面接の目的について述べる。

③メモを取ってもよいか尋ねる。
④緊張しすぎず、ハキハキと話し、きちんとした態度を取る。相手の目を見て、よく相手の話を聞く。
⑤面接相手の仕事の環境とコミュニケーションの取り方を観察する。堅苦しい雰囲気だろうか、それとも親しみやすい雰囲気だろうか。このような職場で働きたいだろうか。面接相手のような人になりたいだろうか。あるいは同じ職場で働きたいだろうか。
⑥面接が終わったら、再び時間を割いてもらったことについて礼を言う。できれば名刺をもらっておく。

・面接後
①面接の翌日までにお礼の手紙、またはメールを送る。
②自分の観察事項を整理し、キャリア情報を自分でまとめてファイルしておく。面接時に書いたメモを読み、印象や感想など、情報収集面接ファイルカード［ワークシート6・2］を作る。

Work Sheet6.2

情報収集面接ファイルカード

面接方法　　　正式・略式

日付 ______

面接相手 ______

相手の役職 ______

相手の住所 ______

相手の電話番号 ______

相手の携帯電話番号 ______

相手のFAX番号 ______

相手のメールアドレス ______

面接のまとめ ______

学んだこと，感想 ______

シャドーイングとインターンシップ

シャドーイングとは、職場である人について見学する、つまり実地見学のことを指す。実際の仕事を見ることは、その仕事について知るのに最適の方法である。情報収集面接でのアドバイスはシャドーイングにも適用できる。邪魔をしない限り、見学が気にならないという人は多い。もちろんクライアントとの面談など内容によっては公開できない部分もあるだろう。しかしほとんどの職業においてその大部分がシャドーイングのできる状況であり、適切な環境を探せばよいのである。進路カウンセラーや家族、友人、コーチ、チームメイト、地元の人などにも助けてもらい、適切な人を紹介してくれるよう頼もう。通常シャドーイングは個人的な知り合いや第三者(進路カウンセラーやコーチ)を通して紹介された人につくのがよいだろう。また、卒業生が現役の学生に情報収集面接やシャドーイングの機会を提供している大学も多いため、調べてみるとよい。

シャドーイングをされる側はあくまで好意で受けているのだから、相手に迷惑をかけないようにすることが大切である。シャドーイングは大体数時間、または半日間で終わる。相手の都合のよい時間と日程を選んでもらおう。当日の数日間前に約束を確認し、約束の時間の少し前には到着し、時間通りに帰ろう。服装はさっぱりとした印象のものを選ぼう。どのような服装が適切か、事前に相手に聞くのもいいだろう。情報収集面接と同様に、訪問後一日以内にお礼状を出そう。

シャドーイングの際には、自分がその職業に従事している場面を想像してみよう。仕事はおもしろいだろうか。このような環境で働きたいだろうか。同僚はどんなタイプだろうか。自分の価値観を満たしてくれるだろうか。毎日この仕事をするとしたら、どうだろうか。このような想像をすることにより、なぜこの仕事に魅力を感じたのかを改めて考えることができるだろう。

インターンシップ†は、仕事のより実際的な情報を得ることに関してさらに大きなチャンスだといえる。インターンシップとは、実際の仕事を経験することによって仕事について学ぶプログラムである。インターンシップに参加することで単位が取れる高校や大学は多い。大都市などでは、地域で夏のインターンシッププログラムを提供しているところもある。各プログラムは要求条件や資格が異なるため、地元での情報を集めることが重要である。高校の進路カウンセラーや大学のキャリアセンターは連邦、州、市町村のレベルで情報を受け取っている。町の図書館もインターンの情報を提供しているところがある。インターンシッププログラムは1年という期間を予定しているところが多いため、予定を立てられるよう早めに情報を入手することが大切だ。

有給のインターンシッププログラムの一例として、米国オリンピック委員会のオ

†インターンシップ
近年日本の高校・大学においても盛んに行われるようになったが、期間が短く、大半が数日間である。

リンピック雇用機会プログラムがある。このプログラムは、五輪選手に全米の企業での有給のインターンシップを提供するというものである。その対象となる全米企業のほとんどが、スポーツ選手が練習に参加できるようにフレキシブルな労働時間を設けている。このケースの場合、企業にとっては達成志向の高い働き手を得るという利点があり、スポーツ選手にとっては、練習時間が阻まれないで仕事ができるという利点がある。

6 本章のまとめ

本章では、キャリアの探し方、職業・キャリアについての情報をどのように得るかについて学んだ。仕事は異なる分野、異なるレベルで分類される。また、仕事の分野というのは自己探求の章で使った分類などにより分けることができる。これにより、さまざまな分野において自分の価値観、興味、スキルを比較することができる。

キャリア探求は一生続くものであるということを心に留めておこう。最初の選択をした後も、人生において何度もキャリア探求を繰り返すことが考えられる。ここで学んだキャリア探求のスキルは貴重な資産である。一度学べば、必要なときにいつでも使用できる。

本章では次のことについて学んだ。

1. 職業がデータ、人、物にどのように関連するかは、ホランドの分類によりまとめられる。
2. 『職業名事典』や『職業探求ガイド』のような資料で、さまざまな職業分野の概要について情報が入手できる。
3. 情報収集面接は、仕事に関する実際的な情報を得る上で、非常に効果的である。
4. シャドーイングやインターンシップは、実際の仕事を見学し、体験できる絶好の機会である。

第7章　キャリアアクションプラン

―理想のキャリア獲得までの具体的な目標設定―

前章までに、自己探求と自らの価値観、興味、スキルに一致するキャリア探求の方法について学んだ。本章では、それらの自己探求やキャリア探求から得た結果を現実のものとするためのアクションプランについて述べる。自分にとって適切なキャリアを獲得するには、具体的な目標を決め、その目標を達成するための堅実な計画を立てることが大切だ。長年ＮＢＡのコーチを勤め、現在はテレビのコメンテーターをしているハビー・ブラウンの口癖はこうだ。

「社会の最大の問題の一つは、偉大な可能性を持っているにもかかわらず、成功できない人間がいるということだ」。

つまり、すばらしい才能とスキルを持っていながら、その可能性を最大限に活かしていない人々が多いということである。人間は、「自分のスキルをすべて出し切ったとき」にその人にとっての人生目標を達成するものなのだ。

一流スポーツ選手は、長い選手経験の中で、勝つためには体力面だけを鍛えればよいのではなく、精神面の鍛錬も重要であることを身をもって感じている。

そういったスポーツで備えた「メンタルスキル」は、仕事探しにも役立つ。そして、メンタルスキルの中でもっとも大切なのは、ゴールを設定し達成するという能力だ。ゴールとは、努力してはじめて達成できる「目標」のことである。しかし、簡単に努力といっても、目標を達成するためには「適切な方法」を設定して努力しなければならない。

本章では、ゴールを明らかにし、それをどのように達成するか戦略を立てることについて述べる。

1　ステップ1　―ゴールを設定する―

理想のキャリアを得るための効果的な目標設定の最初のステップは、「成功できる可能性を高めるような適切な方法」でゴールを設定することだ。そのために、ゴールは次のようなものでなければならない。

①ポジティブであること。
②達成のために必要な、具体的な行動が明らかであること。
③自分がコントロールできる範囲のものであること。

この三つの条件をさらに詳しく見ていこう。

まず、「ポジティブであること」について。これは過去の自分の選手経験をふり返ってみるとよい。たとえば、スポーツにおける自分のパフォーマンスに不満があった場合、最初はその原因となる問題のみに気を取られがちだろう。もちろん原因を明らかにすることは重要かもしれないが、それでは自分の間違いにのみ焦点を当てることになってしまう。じつはこのような場合、間違いばかりを気にすることよりも、向上できることに重点をおく方が効果的なのである。間違いを犯さないように注意すると、ネガティブな部分にしか集中できなくなってしまう。フリースローを外さないように、あるいは仕事の面接で緊張しないようにと気にすればするほど、ネガティブな部分に気持ちがいくものである。ネガティブな点に焦点を当てると、結果もネガティブになる。たとえば、変なたとえではあるが、あなたの大好物がチョコレートだとする。「チョコレートのことを、三十秒間一切考えないこと」と言われたら、どうなるだろうか。考えないようにすればするほど、逆に、「チョコレート」に集中してしまうことになるだろう。同様に、スポーツでの最高のパフォーマンスや理想の仕事について考えてみよう。どのような気持ちだったか、あるいはどのような気分になるか、明確にイメージを浮かべよう。すると、チョコレートについてはすでに忘れてしまったことに気づくだろう。ネガティブな部分をできるだけ気にしないようにするとよいのである。

「避けたい物事」ではなく「望んでいる物事」に焦点を当てると、結果もポジティブになることが多い。ポジティブな目標について焦点を絞ることは、自分がなにを求めているか、どのようなスキルを学ぶべきか、そしてそのゴールを達成するためになにを克服しなければならないのかを理解するのに役立つ。キャリアについてのゴールを設定する際には、せびともキャリア選択のプロセスでポジティブな気分を保つにはどうすればよいのかを考えてみよう。

次に、「ゴール達成のための具体的な行動」を考えてみよう。具体的というのは、自分で考えて判断できるような、という意味である。次の学生の会話を例に考えてみよう。

学生Ａ「面接で緊張しないようにしたいんだ」
学生Ｂ「緊張というと、ネガティブな響きだけど」
学生Ａ「つまり、ゆったりリラックスして面接に挑みたいんだ」
学生Ｂ「具体的に面接の前にはなにをしたいの」

学生Ａ「リラックスの方法を学びたいんだ。面接の間、リラックスできるように練習したい」

ポジティブで具体的なゴールを設定することは重要である。この例のように、ゴールを明確にする手助けをしてくれる人と話すのもよいことかもしれない。あるいは会話を想像して自分で練習するのもよいだろう。

最後に、三番目の大事な点の「ゴール設定を自分がコントロールできる範囲にすること」を考えよう。自分がコントロールできるのは「自分の行動のみ」であるため、適切なゴールとは他人の行動ではなく、自分の行動の変化を対象にしたものである。次の会話を例に考えてみよう。

学生Ａ「卒業前に就職を決めたいんだけど」

学生Ｂ「ほとんどの人がそう希望しているだろうね。でも、それは君がコントロールできることではないよ。就職口を見つけるために具体的にはなにをすればいいと思う?」

学生Ａ「履歴書を書いて大学の就職活動センターに登録し、紹介状をいくつか書いてもらえば、なにか話が来たときにうまくいく可能性が高くなるかな」

ここで、この学生はゴールを変更して、仕事探しのプロセスを自分がコントロールできる範囲に変更した。変更前の例は、たとえばテニス選手がその年のトーナメントにまったく準備も練習もせずに、すべて勝とうとすることに似ている。「勝つこと」はゴールなのではなく、「結果」なのだ。テニス選手の場合、病気や故障などで、休みがあるかもしれない。審判が自分に不利なジャッジをしたり、相手が強すぎることもあるかもしれない。すべてのトーナメントに勝てればすばらしいが、起きる結果を自分はコントロールできない。しかし、一日に何回サーブの練習をするかはコントロールできる。毎回最初のサーブが七〇％入れば、試合に勝てることもわかっている。仕事に関しても同様だ。完璧な仕事を確保するには、ただそれを望むだけでは足りない。達成に必要な具体的方法、そして自分を向上させられる具体的行動を明らかにして、それを最高のレベルにするよう取り組む。たとえば、スポーツレポーターになることが夢である場合、十件の情報収集面接を雑誌・新聞やテレビのレポーターと行い、その分野に関する理解を深める。あるいは大学で文章力アップのコースを取り、毎日一時間、文章を書く練習をする、などがその例である。

ゴール設定の一環として、「ワークシート7・1」の質問に答えよう。

D　あなたのゴールと、その達成に必要な具体的行動について書きなさい。
（例．履歴書の書き方についての本を読んで履歴書を完成させる、知人3名に履歴書の原稿を見てもらうなど）

E　たとえば、履歴書を検討してもらうのを待たなければならないというように、ここに述べた行動をコントロールできない場合、自分でコントロールできる行動を使ってゴールを再設定しなさい。

F　まとめと評価

1）このゴールはポジティブだろうか。
はい ________　　いいえ________

2）このゴールを達成するのに具体的な行動を見極めただろうか。
はい ________　　いいえ ________

3）このゴールはあなたがコントロールできる行動で構成されているだろうか。
はい ________　　いいえ ________

4）この3つのいずれかの質問に「いいえ」と答えた場合、ポジティブかつ具体的で自分のコントロールできるようなゴールに変更しなさい。

Work Sheet7.1

―自分のゴール識別ガイド―

▼

A　あなたの短期・長期的なキャリアに関するゴールはなにか。
(例．履歴書を書く、キャリアプランを立てる、大学の学位を取得するなど)

B　あなたのゴールをポジティブに書いてみよう。

C　あなたのキャリアのゴールについて説明しなさい。

1）そのゴールに向かって努力しようと決めたのはいつか。

2）そのゴールを達成するためになにをしたか。

3）そのゴールについて考える際、どのような気分や考えがわくだろうか。

4）いつ、そのゴールを達成したいか。

2　ステップ２　―ゴール設定の重要性―

次の文は、「私は〇〇したい」「私は〇〇しようと思う」という自らの意志であることを避けた表現例である。

・両親は早く専攻を決めてほしいらしい。
・もっと勉強をしなければいけないみたいだ。
・コーチが体重を落とせという。

さまざまなゴールの中には、周囲の人からのあなたに対する希望に基づくものもある。しかし、「私は体重を落としたい」「私はもっと勉強をしたい」と自分が心から思わない限り、そのゴールを達成するのに必要な、やる気ある取り組みはできないだろう。ゴールというのは、大半の人にとって自分自身がやりたいことを意味するものであり、他人に言われたことや、しなければならないことではない。つまり、自分自身の意志ではないゴールを設定してしまった場合は当然、努力を怠ることになるのである。

たとえば、全米ラクロスチームのある選手は、母親と姉が弁護士だったため、ロースクールに入学したが、途中で通うのを止めてしまった。彼女はこのように語っ

Work Sheet7.2

ーゴール重要性ガイドー

▼

このゴールは自分のキャリアプランになぜ重要なのか。

1．このゴールは誰にとってもっとも重要なのか。

________ 自分　／　________ 自分にとって大切な人物

その人物の名前 ________________________________

2．このゴールは自分が「達成しなければならない」ゴールなのか。

________ 達成しなければならないゴールだ

________ 達成したいゴールだ

3. このゴールに向かって努力しようと決めた場合、自分に対する気持ちはどのように変わるか。

　このゴールに向かって努力しないと決めた場合、自分に対する気持ちはどのように変わるか。

4. このゴールに向かって努力しようと決めた場合、家族やコーチとの関係はどのように変わるか。

　その他の人との関係はどのように変わるだろうか。

5. このゴールは以下のどの点に基づいているだろうか。

________ 現実的な興味・望み・期待

________ 周囲の人の期待によるプレッシャー

________ 高望み　／　________ その他

6. 自分にとって、このゴールを達成するのは価値があるだろうか。

はい ________　／　いいえ ________

7. このゴールを達成することによって、私の人生にどのような影響が出るのだろうか。

8. このゴールを達成できると自分は思うだろうか。

はい ________　／　いいえ ________

ている。

「私の意思とはおかまいなしに、みんな最初から私が弁護士になると決めていた。だから勉強がつらかったのかもしれない。でも好きな服飾デザインを始めた今は、とても生き生きとした気分だ、デザインの勉強は楽しいし、新しい目標もできた」。

ゴールを効果的に達成するためには一〇〇%自力で取り組まなければならない。また、ゴールは現実的なものでなければならない。あまりに達成不可能なゴールを設定してしまうと、苛立ちや落胆が募るばかりだ。

次に［ワークシート7・1］で明らかにしたゴールを使って［ワークシート7・2］を完成させよう。

3　ステップ3　―ゴール達成の障害―

このステップでは、ゴール達成の障害について考える。言い換えれば、その障害をどのように乗り越えるかということだ。ゴールの障害を考えるときは、現在と未来に焦点をおくことが重要だ。過去にさかのぼって、なぜこのゴールが達成できないのかをつきとめようとするだけでは駄目である。障害の種類には次の四つが挙げられる。

(1)知識面の障害

　ゴール達成に必要な知識に欠けているという場合である。たとえば、インターンシップについて知りたいがどこで調べたらよいのかがわからない、歴史専攻で学位を取得した後どのような道があるのか誰に相談すればよいのかわからない、といった例だ。「～について知らない」という場合は、知識が欠けていることを意味する。

(2)スキル面の障害

　必要なスキルや能力がないため、ゴールを達成できない場合である。スキルには、身体面と精神面の二種類がある。たとえば、体操選手がある種目をできないのは身体面のスキルに欠けているからである。しかし、リラックスできなかったり、体操または仕事の面で自分が成功することをうまくイメージできないのなら、それは精神面のスキルに欠けていることを意味する。前述のように、スポーツで得た精神面のスキルは、人生のほかの部分にも使用できる。「～のやり方がわからない」という場合は、達成のためのスキルに欠けていることを意味する。

(3)リスク・テイキング面の障害

知識もスキルもあるが、ゴール達成に必要なリスクをおかすことができない場合である。リスクとは、行動することによって起こる可能性のある危険や代償のことである。利益の方が代償を上回ると考えられる場合は、行動を起こした方がよいだろう。しかし、代償の方が明らかに大きいと予測される場合は、行動しない方が賢明だろう。たとえば、夏のアルバイトに応募したいがうまくできるかどうか恐れたり、英語を専攻したいが卒業後によい仕事があるかで躊躇したりといったことがそのよい例だ。「やり方はわかっているが怖い」という場合は、リスク・テイキング能力に欠けていることを意味する。

(4)周囲のサポート面の障害

知識、スキル、そしてリスクも理解しているが、自分にとって大切な人たちからの理解や協力が得られないという場合である。教師になりたいが、家業を継がせることを希望する親から反対されたり、もっと勉強をしたいが、友人にガリ勉とからかわれたりするのがこの例である。周りのサポートは新しい行動をとろうとするときにはとくに大切なものである。「やり方もわかっているしリスクも理解しているけれど、他の人の反対がある」という場合は、周囲のサポートがないことを意味する。

知識、スキル、リスク、周囲のサポート面の障害は、多かれ少なかれ誰にでも起きるだろう。自分にとっての障害を見極めるために、次のような質問をしてみよう。

①ゴールを達成するのに、知らなければならないことはなんだろう（知識）。

②ゴールを達成するのに、必要な新しい行動やスキルはなんだろう（スキル）。

③ゴールを達成するのに、なにをすればよいかわかっているのなら、その達成のためのリスクはなんだろうか。不安に思うのなら、そのリスクはなぜ恐いのだろう（リスク）。

④ゴールについて誰と話せばよいだろう。誰の賛成や助けが必要だろう（サポート）。

ゴール達成への道を阻む障害には、それを乗り越えるための戦略が必要である。「ワークシート7・1」のゴール識別ガイドであなたのゴールはすでに設定してあるはずだ。ゴールを阻む障害について明らかにしてみよう。次の「ワークシート7・3」に記入しよう。

Work Sheet7.3

ーゴール障害ガイドー

▼

ゴールを達成できないのはなぜだろうか。

①知識面の障害

説明：__________

②スキル面の障害

説明：__________

③リスク・テイキング面の障害

説明：__________

④周囲のサポート面の障害

説明：__________

⑤上の 4 つのうち、いくつかが混合した障害

説明：__________

4　ステップ4　―障害の克服―

達成可能なゴールを明確にしたら、次はゴール実現へのプロセスの第一歩を踏み出すことができる。ゴールの設定と実現は異なるステップだが、相互に密接に関係している。ネガティブで曖昧、あるいは他人の意見に依存したゴールを設定した場合、その達成は不可能ではないかもしれないが、実現するのは困難だろう。つまり、ゴールの設定はゴール実現に多大に影響するのだが、本当に重要なことは、ゴール設定後のゴール実現プロセスにあるのである。

一九八四年ロサンゼルス五輪の米国ホッケーコーチだったボニー・グロスはこう語っている。

「成功しようという意志は、自分の行きたい場所までの間にある壁を克服しようとする一途な願望である」

ゴール実現において「壁」は障害、「一途な願望」は実現に必要なエネルギーである。

「ワークシート7・3」では、ゴール達成の障害となり得る事項について明らかにした。この障害を乗り越えるプロセスは、ゴール実現において重要になる。
ゴール実現の第一段階は戦略の選択であり、またその戦略は綿密に練らなければならない。障害を克服するために必要なエネルギーは、きちんと考えて駆使することが必要だ。がむしゃらな努力だけでは克服できない。ビジネスでよく言われる、「努力だけでなく、効率的に働くこと」が大切なのである。

「ワークシート7・4」を使って、障害を乗り越えるための戦略を練ろう。その際、次のような点を念頭に置こう。

・知識を開発するには、正式な方法と略式な方法の二つを使って情報を入手できる。正式な方法とは、本、新聞、授業など、略式な方法とは友人、家族、チームメンバー、同僚の経験や助言である。両方から、使える情報を考えよう。
・スキルを開発するには、順序を追って少しずつ行なう必要がある。「ワークシート7・5」を参照して、考えよう。
・リスク・テイキング能力を開発するには、利益を高め、代償を低める方法を考えよう。
・サポートのためには、どのようなサポートが必要か考え、誰からそれが得られるのか、どのようにサポートを頼めるか、考えよう。

Work Sheet7.4

ー障害の克服ー

▼

A　あなたのゴールはなにか。

B　知識だけでゴールを達成できるだろうか。

1）＿＿＿＿ いいえ　→Cに進む

2）＿＿＿＿ は　い　→どのような知識が必要だろうか。

3）必要な情報をどのように得るか（どのような情報が必要か考え、正式・略式両タイプの情報について考える）。

C　あなたのゴールにはリスクがあるか。

1）＿＿＿＿ いいえ　→Dに進む

2）＿＿＿＿ は　い　→どのようなリスクがあるだろうか。

3）リスクをおかしてもゴールを追求する利点はなんだろうか。

4）ゴール追求の代償はなんだろうか。

5）利点を高め、代償を低くなるようにするにはどうすればよいだろうか。

D　他の人のサポートがあれば、ゴールを達成できるだろうか。

1）＿＿＿＿ いいえ　→Eに進む

2）＿＿＿＿ は　い　→どのようなサポートが必要だろうか。

3）誰からのサポートが必要だろうか。

4）どのようにサポートを求めればよいだろうか。

E　BからDの質問にすべて「いいえ」と答えた場合、A.の答えを読み返し、ゴールが正しいかどうか考えよう。あるいは、ゴール達成を阻んでいるのは一体なにか、助言を求めよう。

とはいえ、ゴールが自分にとって本当に重要であるものなら、本来、障害は問題にはならないはずだ。スキルの欠如やリスクをおかすことへの恐れは、往々にして「動機のなさ」という仮面をかぶっているものである。つまり、そのゴールは自分が本当にやりたいことなのかを、もう一度、再確認する必要がある。

5　ステップ5　―アクションプランの開発―

次のエピソードは、一九七六年モントリオール五輪の水泳金メダリスト、ジョン・ネイバーの語ったものである。

一九七二年のミュンヘン五輪で、水泳のマーク・スピッツ選手が合計七個の金メダルを獲得、しかもそのすべての七種目において世界新記録を樹立という快挙を達成した。その瞬間を自宅のテレビで見ていた私は、五輪で金メダルを獲得して世界のトップに立つということはなんてすばらしいことなんだろうと思った。まさにそのとき、「金メダル獲得」という夢を持ったのだ。そしてその夢は、私のゴールへと変わった。夢をゴールにすること、ゴールを設定することの重要さは、五輪前に私が学んだ最大の教訓だ。もちろんモチベーションも重要だ。大物になりたい、というモチベーションを持っている若者は多いと思う。

一九七二年当時、私の一〇〇m背泳の自己最高記録は五九・五秒だった。一九七二年のミュンヘン五輪で優勝したローランド・マチスの記録は五六・五秒。彼の過去三回の五輪記録から、一九七六年には五五・五秒の記録を出せば勝てると予測を立てた。つまり、一〇〇mという短距離種目で、自己最高記録から、さらに四秒も縮めることが必要だった。これは、陸上での四〇〇m競走のタイムを四秒縮めるのと同じことを意味し、そう簡単にいくものではなかった。しかしそれをゴールとして設定したのだから、私はどうやって記録短縮を達成できるかを考えた。今からだと、次の五輪まで四年ある。四年間トレーニングができるのだ。一年に一秒縮めればよいのだが、それでも壁は大きい。水泳選手は一年に一〇カ月から十一カ月トレーニングをするから、休む時間は計算に入れないとして一カ月に一〇分の一秒短縮すればよい。さらに、一週間に六日間だから、一日に三〇〇分の一秒短縮すればよい。そうすると、朝の練習時間は六時から八時の二時間、夕方の練習時間は四時から六時の二時間だから、一時間に一二〇〇分の一縮めればいいだけじゃないか、と考えた。それがどんな短い時間かご存知だろうか。私の手を見て、指を鳴らしたら、まばたきしてほしい。さあ、どうぞ。今あなたのまぶたが閉じようとしたときから実際に閉じたときまでは、一二〇〇分の五秒。だから、プールのデッキに立ち、「これから六〇分間、一二〇〇分の一秒タイムを縮めよう」と思うこと、これなら実現が可能じゃないか。これなら自分はできると信じることができる。次の五輪までに四秒落とす、そんなのは無茶だ。でも一二〇〇分の一なら大丈夫、絶対できる。そう思って、練習に励んだんだ。

この例からもわかるように、不可能に思えることもポジティブに考え、また綿密に計画を練れば、ゴール実現の可能性が高くなるのである。そしてゴールのアクションプランを立てる際、ゴールをいくつかの段階に分けることも、ゴール実現への近道である。ネイバーの場合、一〇〇m背泳の自己ベストタイムをただ四秒縮めようと考えたら苛立ちが募り、あきらめてしまったかもしれない。彼はゴールへのプロセスをいくつかの小さなステップに分けることにより、ゴール達成の可能性を高めたのだ。読者にとっても同様のことがいえるだろう。また、ゴールまでのプロセスを分けることには、「スタート地点を明確にできる」という利点もある。「千里の道も一歩から」ということわざはゴール設定にも当てはまる。目標を達成するには、まず最初になにをするべきか見極めることが大切なのである。

ゴール達成のアクションプランを立てることは、ゴールまでの「はしご」をのぼるようなものである。確実に一歩ずつ進めば、必ず一番上まで到着する。我々はこれを「ゴールのはしご」と呼んでいる。［ハイライトボックス7・1］は、夏期のインターンシップを希望している学生の「ゴールのはしご表」である。この表は、一番下の「ステップ1」から見ていってほしい。

自分のゴール達成についてのはしご表を作るには、まずゴールを達成するために必要な事項をすべてリストアップすることから始めるとよい。リストを見て、次に優先事項を考え、順番に並べる。こうすることにより、［ハイライトボックス7・1］のようなはしご表が完成する。

［ワークシート7・5］のはしご表を見てみよう。各段に期日と結果を書くスペースがある。期日の設定により、最終ゴールを時間通りに終了することができ、結果の記録により前進を目で確かめることができる。各ステップの設定はポジティブかつ具体的で、自分がコントロールできる範囲のものにするとよい。

Highlight Box7.1

ーゴール達成のはしご表の例ー

ゴール：自分の好きな分野での夏のインターンシップに応募したい。

ステップ10：実際の面接と電話面接のいずれの場合も、お礼状を出す。
期限：　5月30日　　結果：

ステップ9：実際の面接と電話面接の練習をする。企業が聞いてくると想定される質問に答える練習をする。
期限：　5月20日　　結果：

ステップ8：応募用紙を送る。教授に推薦状を送ってもらうよう依頼する。
期限：　5月15日　　結果：

ステップ7：自分の長所を強調したカバーレターと応募用紙を完了する。尊敬できる人物に読んでもらい、感想を聞く。
期限：　4月30日　　結果：

ステップ6：自分を知っていてかつ尊敬できる教授3名を選び、推薦状を書いてもらえるか打診する。
期限：　4月20日　　結果：

ステップ5：企業に資料・応募用紙の請求をする。
期限：　4月15日　　結果：

ステップ4：履歴書を書き、応募する企業が重視するようなスキルを明らかにする。
期限：　4月7日　　結果：

ステップ3：興味をひかれるインターンシップを提供している企業を10社ほどに絞る。
期限：　3月29日　　結果：

ステップ2：キャリアセンターと図書館に行き、興味がある分野の夏のインターンシップについて調べる。
期限：　3月20日　　結果：

ステップ1：ゴール達成のための計画を立てる(ゴール達成表)。
期限：　3月18日　　結果：　完了

Work Sheet7.5

―ゴール達成のはしご表―

ゴール ______

ステップ10：

期限：　月　日　結果：

ステップ 9：

期限：　月　日　結果：

ステップ 8：

期限：　月　日　結果：

ステップ 7：

期限：　月　日　結果：

ステップ 6：

期限：　月　日　結果：

ステップ 5：

期限：　月　日　結果：

ステップ 4：

期限：　月　日　結果：

ステップ 3：

期限：　　　結果：

ステップ 2：

期限：　月　日　結果：

ステップ 1：

期限：　月　日　結果：

Work Sheet7.6

ーゴール達成への障害ー

障害	障害を克服する方法
ステップ10： a. ＿＿＿＿＿＿ b. ＿＿＿＿＿＿	
ステップ9： a. ＿＿＿＿＿＿ b. ＿＿＿＿＿＿	
ステップ8： a. ＿＿＿＿＿＿ b. ＿＿＿＿＿＿	
ステップ7： a. ＿＿＿＿＿＿ b. ＿＿＿＿＿＿	
ステップ6： a. ＿＿＿＿＿＿ b. ＿＿＿＿＿＿	
ステップ5： a. ＿＿＿＿＿＿ b. ＿＿＿＿＿＿	
ステップ4： a. ＿＿＿＿＿＿ b. ＿＿＿＿＿＿	
ステップ3： a. ＿＿＿＿＿＿ b. ＿＿＿＿＿＿	
ステップ2： a. ＿＿＿＿＿＿ b. ＿＿＿＿＿＿	
ステップ1： a. ＿＿＿＿＿＿ b. ＿＿＿＿＿＿	

例にしたがって自分のゴールを決めて、［ワークシート7・5］を完成させよう。最初のいくつかのステップは比較的達成が楽なものから始めてみよう。

各ステップをよく検討しよう。障害がある場合は［ワークシート7・6］に記入し、障害に対応できるような計画を練ろう。

これまでキャリアのアクションプランの立て方を検討してきた。キャリア開発のどの段階にいようと、このゴール達成のはしご表を作り、アクションプランを練ることができる。このゴール設定のモデルは、キャリアプランだけでなくスポーツや私生活の場面でも使うことができる。人生の中でゴールを設定しないことは、プログラムのないコンピュータのようなものだといえるだろう。ゴールを設定し確実にステップを踏むことにより、成功への道のりは短くなるのだ。

6　本章のまとめ

本章では、ゴールを設定することで、より効果的なキャリアアクションプランを立てる方法を学んだ。すでにスポーツスキルの向上にゴール設定スキルを使った経験のある読者もいるかもしれない。そのスキルをキャリア探求のプロセスに使おう。次の章では、キャリア獲得のための具体的なツールについて考えていく。ここで学んだゴール設定スキルを使って、そのツールを習得すれば、スムーズな就職が実現するだろう。

本章では、次のことについて学んだ。

1. ゴールはポジティブに、具体的に、自分がコントロールできる範囲のものを設定する。
2. 他の人が自分に達成してほしいと考えるゴールより、自分自身が達成したいと望むゴールの方が実現できる可能性が高い。
3. ゴール達成には、それを阻む障害がつきものである。それは知識の欠如、スキルの欠如、リスクをおかすことへの恐れ、周囲のサポートの欠如といった四種類である。
4. ゴール達成への障害を克服するには戦略が必要である。
5. キャリアアクションプランを立てるポイントは、ゴール達成のはしご表を作ることである。

6. ゴール達成のはしご表は、ゴールを管理しやすいステップごとにまとめ、スタート地点を明確にする。
7. 障害は、ゴール達成のはしご表のどの部分でも起きる可能性がある。障害に対応するために学んだ戦略は、ゴール達成のはしご表の新たな一部となる。

ここまでで感じたこと、考えたことをメモしよう。

第三部

キャリア取得に向けて

第8章　キャリア探し

前章までで、「自分自身」と「キャリア」について学んできた。本章では、それらを踏まえて、自分にあった適職につくための具体的な方法と、就職するための戦略について考えていく。まず、就職についての「現実」を述べておきたい。

1　今日の就職事情

新聞の経済欄の見出しを見ていると、はたして就職などできるのだろうかと悲観的になってしまうかもしれない。経済予測は先行きが暗いものばかりで、リストラを行う企業は後を絶たない。しかし、雇用市場はもちろん存在している。雇用は大企業から小規模の新企業へとシフトしており、この動きは最近のある傾向の追い風を受け、ますます盛んになっている。

その傾向の一つは、「ダウンサイジング」、あらゆるものの小型化、小規模化である。今日の企業は昔のアーカンソー・フットボールチームの戦略のように、無駄をゼロにすることを目標としているようだ。効率と生産性を上げるために、技術革新を推進した企業は少なくない。その結果として、人員を削減することになったわけだ。

第二の傾向は、「合併と吸収」である。多くの企業がライバル会社を買い取り、類似企業との合併を行っている。そのため、たとえばある二社が合併や吸収を行うと、同じ業務を行っていた二名のうち一名は要らなくなってしまうのである。

第三の傾向は、「アウトソーシング」である。すなわち社員が従来行っていた仕事を外注するという方法である。たとえば、給与支払い、コンピュータ関係、法律などに関しては、社員として雇うより専門の企業に外注した方がコスト削減が図れる。また、これは社員の福利厚生や諸経費の節約にもつながるのである。

これらの傾向により、大企業への就業人口が減る一方で、より専門的な技術・サービス分野の新企業やコンサルティング会社は急激な成長を遂げている。このような企業は規模拡大を続けており、これからもさまざまな雇用チャンスを提供するだろう。就職カウンセラーは、雇用口の八十五％が新聞・雑誌などに記載されないものである、という事実を指摘している。このいわば隠れた雇用市場は、大企業とはかなり異なる雇用スタイルを持っている小規模の企業がほとんどである。また企業だけでなく、他の専門職に関しても同様の傾向が見られる。

大学、公立学校、公共機関などの非営利団体やヘルスケア企業も、社会のニーズや企業の傾向に合わせて、ダウンサイジングとアウトソーシングを行っている。コーチ、教師、ヘルスケア関係に興味がある人の場合、就職には多少の工夫が必要になるかもしれない。

他の職種と比較して、雇用口が多い職種もある。では、この先十年、どのような仕事により大きな雇用のチャンスがあるのだろうか。全米の人気就職口トップ50を掲載した『マネー(Money)』誌によると、この先十年もっとも人気が出ると予想される職種は、コンピュータ・エンジニア、コンピュータ・システムアナリスト、理学療法士、特殊教育教師、探偵、放射線技師、法律アシスタント、法律・医療秘書、保育園・幼稚園教師、エンターテイナーなどである。スポーツ関連のキャリアに関しては、高校の体育教師やコーチが二十九位であった。

ある分野で就職できるかどうか、またどのような分野にもっともチャンスがあるのかについて調べるには、諸団体の年間レポートが役立つだろう。米国労働省が刊行している『職業ハンドブック』†はもっとも人気が高いものだ。この本は大抵の公

† 『職業ハンドブック』第二章五十五ページ参照。

立図書館に蔵書があり、就職市場の見通しについて豊富な情報が入手できる。たとえば、ある号では、サービス産業に新しい仕事が増大するだろうと予測している。ビジネス、ヘルスケア、社会サービスなどの仕事になんらかの形で関わる仕事である。また、『アメリカ職業・給料年鑑』†は、就職市場の変化について見極める際に便利だ。大学や公立の図書館などでこういった資料を探し、活用しよう。

就職のチャンスが高いと思われる職業を目指すとしても、今日の経済状況ではスキルや直接的な行動が必要とされることに気づくだろう。求人欄を読んで自分の経歴にもっとも合った仕事を探し履歴書を送るという従来の方法では、成功率は低い。具体的な目的を設定し、戦略を練り、最適の仕事を得るためには努力しなければならない。就職活動自体が一つの仕事なのだ。したがって、十分な時間とエネルギー、リソースを使わなければならない。次の節で仕事の対象を絞るための戦略を見ていこう。

† 『アメリカ職業・給料年鑑』
[American Almanac of Jobs and Salaries]

2　就職活動

大半の場合において、就職活動のアプローチは、重要な試合や競技に対して準備するのと同じようなものである。スポーツの場合、次の三つの項目を実行するのではないだろうか。

1. 対戦相手、場所の偵察。
2. チームの準備。
3. 自分自身の準備。

就職活動の場合も同様である。対戦相手を偵察する代わりに、どのような仕事なのかを偵察する。自分のサポートチームの協力を得てチームの準備をし、自分自身の準備も行う。次に、就職活動の偵察レポートとサポートチームのまとめ方を学んでいこう。

偵察レポート

就職を考慮中の会社を偵察することは、スポーツで対戦相手の偵察レポートを作成することに似ているが、相違点が一つある。スポーツでは対戦相手がすでに決められているが、就職では雇ってくれる可能性のある企業や団体をまず明らかにしなければならないという点だ。

ＮＣＡＡの男子バスケットボールでプレーする六十四チームすべてに関して偵察

レポートを作成することを想像してみよう。大半の人は、無理だと考えるだろう。しかしNCAAのチームはグループごとに分かれているため、対戦相手数は抑えられ準備も簡単になる。

職探しにおいても、具体的な企業や団体に対象を絞り、グループごとに分けるなどして考える必要がある。そして、「まずどこで働きたいか」という土地や場所を決めることが必要だ。仕事さえ自分の望むものであれば世界のどこでも働けるという人もいるが、大半の人にとっては場所による条件はあるものだ。［ワークシート8・1］に記入し、場所について検討してみよう。

どのような場所で働きたいかが明確になったら、その場所で自分の興味が持てるキャリアを求めている企業や団体を調べなければならない。対象となる分野の企業を見つけるためには、次のような方法がある。

1. 新聞、業界専門誌、ビジネス誌の求人広告を見よう。求人広告を注意深く読めば、今まで考慮していなかった職業でも興味が持てるものがあるかもしれない。自分の価値観、興味、スキルに合った職業を探していることを念頭に置きつつ、なじみのない職業についても調べてみよう、その業務を果たすスキルや興味を自

●パート2

パート1でもっとも重要だとした項目を記入し、その他にも重要な項目があれば追加して、場所の評価スコアカードを作成しよう。たとえば、トレーニング中の身であれば、練習施設などに近いような場所にいることが必要だろう。

スコアカードを作成したら、現在考慮中の場所を評価するときに使おう。「家族やコーチに近いこと」など、いくつかの項目が条件として必要な場合、重要な条件を満たしていない場所は除外し、選択肢を狭めることが簡単にできる。

場所 ________________________________

	点 数	項 目
1.	______	______________________
2.	______	______________________
3.	______	______________________
4.	______	______________________
5.	______	______________________
6.	______	______________________
7.	______	______________________
8.	______	______________________
9.	______	______________________
10.	______	______________________
	______	合計

Work Sheet8.1

―場所の評価スコアカード―

このスコアカードに記入して、住む場所を決める際にもっとも重要な点を見極めよう。

▼

●パート1

各項目に自分の考える「重要度」にしたがって、評価をつけよう。

大変重要である＝3、　重要である＝2、　重要でない＝1

	点　数	項　目
1．	＿＿＿＿	家族や友人に近い
2．	＿＿＿＿	物価
3．	＿＿＿＿	家賃の安さ
4．	＿＿＿＿	スポーツ施設や娯楽場所に近いこと
5．	＿＿＿＿	天気・気候
6．	＿＿＿＿	文化や宗教面の施設・機会
7．	＿＿＿＿	交通の便
8．	＿＿＿＿	自分自身・家族にとっての教育環境
9．	＿＿＿＿	都心への近さ
10．	＿＿＿＿	自分のキャリアをさらに向上させる機会

分が持ち合わせているかもしれない。また、募集要項で使用されている表現や言葉に注意を払おう。たとえば、「統率、分析」などの表現があったとして、それが、第5章で明らかにした自分の移行可能スキルに幸運にもマッチしているということもある。新しい仕事のチャンスは、いくらでも広げられるのである。

2. 求人広告や新聞などに企業がまだ広告を出していない就職口を探してみよう。規模拡大や新しい製品の発表などは、新規業務の前兆かもしれない。たとえば、X社がPC市場に参入するというニュースを発表した場合、それは販売、マーケティング、技術系の人間を募集する可能性があることを意味する。X社に直接連絡を取り、新規の業務があるかどうか確認することで他の応募者に先んずれば、自分の希望する分野で仕事を始められる可能性がある。

3. 企業名が明らかでなかったり、雇われる前に投資をしなければならないような広告には注意しよう。連絡先として社名もなく私書箱の住所しか明記していなかったり、楽な仕事で高収入をうたうようなところは、時間の無駄であることが多い。このような場合、返事がもらえることはほとんどなく、仕事の可能性を確認することもできない。

4. 自分の個人広告を出すのは避けよう。キャリア獲得の効果的な方法ではないし、経費として多額の費用を請求する人材派遣会社の標的になるだけだ。

5. 公立図書館や大学の図書館で、いろいろな種類の新聞、雑誌、機関誌などを探そう。商工会議所のリストや、関連分野の書籍、遠隔地の電話帳や新聞などは、閲覧できるように図書館の職員に請求しよう。

6. 人の動きに注意しよう。ある人が新しい仕事に就いた場合、それは、その人の以前のポジションが空くことを意味する。以前の仕事や新しい仕事について質問できる上、他の応募者の先を行くことができる場合もある。

7. 大学の就職センターを利用して、新聞や雑誌には掲載されていない仕事を探してみよう。現在、大学生であったり、ある大学の卒業生である場合は、その大学の学生にのみ出された募集広告があるかもしれない。コンピュータ・オンライン求職サービスなど、学校の就職センターを十分に利用しよう。

8．インターネットを利用しよう。就職を希望する場所に関する情報を得て、さらに近辺の企業や団体についての検索を進めることができる。

こういった方法にしたがえば、自分の目標である分野の企業や団体を明らかにすることができるだろう。では、目標とする企業などを決定する前に、職探しのプロセスで自分のサポートチームがどのような手助けをしてくれるかを考えよう。

サポートチームを利用して職探しをしよう

「仕事をみつけるには、〈誰を知っているか〉が大切なのだ」ということわざがある。公平に思えないかもしれないが、今日の就職市場では、雇用主と直接あるいは間接的に関係のある人物が仕事を獲得できるチャンスが高いのである。したがって、希望の分野の関係者になるべく多く会うことが重要だ。キャリア探求の一部として情報収集面接をしている時期に、すでに人脈作りを始めた読者もいるかもしれない。希望の分野の人に対象を絞り、その人脈を広げていこう。

自分がスポーツ選手として現役だったときには、さまざまな人に出会ってきたはずだ。彼らはあなたのために仕事を見つけたり、特別にポジションを作ってくれる可能性があるかもしれない。重要なのは、職探しのプロセスをまとめた上で、こういった人脈を効果的に使うことだ。

米国オリンピック委員会のスポーツ選手のためのキャリア支援プログラム（CAPA）†に参加したロシェルは、さまざまな人脈を作ったという。彼女の例は仕事につながる人脈を構築する、効果的な戦略を浮き彫りにしている。

†スポーツ選手のためのキャリア支援プログラム
第一章十三ページ参照。

ロシェルの場合

ロシェルは、ロス郊外の中流家庭に育った。両親は彼女が幼い頃からスポーツ好きであったことから、スポーツを奨励した。すばらしい反射神経とスピードを備えたロシェルは、さまざまなスポーツで活躍した。十六歳の時点で、ソフトボール、バスケットボール、バレーボール、テニス、サッカーを経験し、サーフィン、ゴルフ、自転車、水泳も試した。そして、最終的には背の高さを活かせ、もっとも好きなスポーツでもあるバスケットボールを選んだのだった。高校三年のときには、全米キャンプの参加メンバーとして選ばれ、大学のコーチたちの注目を浴びた。さまざまな大学から誘いがかかったが、最終的に学業とスポーツ両方の名門として有名な南東部の大学に行くことを決めた。

大学一年のとき、ロシェルは優秀なプレーが認められ、夏にオーストラリアとニュージーランドを回る全米チームの一員に選出された。多数の試合を通して、オーストラリアとニュージーランドのバスケットボール界に友人・知人ができた。二年生になると、先発メンバーの一員となり、次の三シーズンでは毎回先発メンバーとして活躍した。また学業面では平均三・八の成績を維持し、成績優秀者リストの常連でもあった。四年生への進級前の夏休み、ロシェルは大学のプログラムを利用し、地元のコンピュータ・コンサルティング会社のインターンシップにも参加した。その後、コンピュータ専門のビジネス専攻で学位を取得した。

ロシェルは大学入学時からキャリア開発に積極的で、コーチやアドバイザーを驚かせた。たとえば、試合で全米を移動中も、スポンサー、ファン、スポーツ関係者など、会う人ごとに自分の名刺を渡していた。この名刺は「ロシェル・○○○、女子バスケットボールチーム」とだけ書かれたものだったが、交換して受け取った名刺を彼女はアルファベット順にホルダーに保管した。試合後の夕食会やスポンサー関連の集まりなどでは、会う人すべてのキャリアに深い関心を持ち、相手がどのような仕事をしているのか、そしてどのように仕事を始めたのか、質問に長い時間を割いた。

四年生の春、ロシェルは米国女子バスケットボールチームのトライアウトを受けるため、コロラドスプリングスのオリンピック・トレーニングセンターに行った。

四日間の激しいトレーニングの末、五輪代表チーム十二名のうちの一人に選ばれた。五輪代表チームは好戦し、金メダルを獲得した。ロシェルは各試合で十二点、十一リバウンドを稼ぎ、コーチから絶賛された。

五輪の終わった二カ月後、ロシェルはいくつかの学校にアシスタントコーチの職をオファーされたが、バスケットボール中心の生活に終止符を打つことを決めた。スポーツで目標にしていたレベルに到達し、五輪出場そして金メダル獲得という経験までできて思い残すことはなかったからである。

就職市場は厳しかったが、二番目に面接をした会社でよい返事を得られた。採用の決め手となったのは、最終面接前に与えられた「紙」だった。面接官との最終面接の数分前、ロシェルは真っ白な紙を渡され、自分についてなるべくたくさん書くように言われた。教育、仕事の経験、キャリアの目標について書いたが、ページの下にはまだまだ空白が残っていた。少し悩んだ後、ロシェルはバスケットボールの試合で訪問した州と国の名前をすべて書いた。面接室に通されたとき、最初に質問されたのは彼女が書いたそれらの名前のことだった。

この会社で実りの多い六年間を過ごした後、ロシェルは会社を辞め結婚して、同僚とコンサルティング会社を起業した。最初の一年は苦労も多かったが、その後成功をおさめた。ロシェルは仕事でもバスケットボールで使ったスキルを利用した。バスケットボール選手であったことを常に誇りとし、名刺には「五輪金メダリスト女子バスケットボール米国代表チームメンバー」と印刷していた。また、バスケットボールを通して知り合った人たちの大半と連絡を取り続け、このことが事業拡大とともにビジネスチャンスを広げる貴重な人脈となった。さらに、地元ではさまざまな活動を通してよく知られるようになり、第一子をもうけた後、黒人女性としては初の商工会議所の会長となった。

どうやってロシェルのようなキャリアを得られるかと質問する若者に、彼女はこう答えている。

「スポーツで得られるさまざまな教訓やスキル、経験に注意を払っていなさい。私にとってスポーツはとても役立った。しっかりと目と耳を開いておけば、あなたの役にも立つはずです」と。

ロシェルの例でわかるように、彼女はバスケットボール選手を引退する随分前から人脈づくりをしていた。大学生のときにはすでに幅広い人脈があり、それが職探しやその後の人生においても重要な役割を果たした。つまり、人脈づくりという大切なスキルを使用したのだ。

人脈づくり

人脈とは、あなたを知っている人、あなたが就職活動をしている事実を知っている人々のことだ。彼らはあなたのスキルと求めているキャリアを知っている。人脈づくりは第6章での情報収集面接と同じではないけれども、共通したテクニックが多数ある。情報収集面接では、仕事に関する情報を得るだけだが、人脈づくりでは仕事を探していると積極的にアピールすることも意味する。仕事が見つかるスピードは人脈の多さに比例すると考えるキャリアカウンセラーは多い。

人脈には次のような人々が含まれる。

1. 家族や親戚、その友人
2. 友人とその家族、親戚
3. スポーツ、学校、教会、社会活動を通して知り合った人々
4. 情報収集面接で会った人々

ロシェルの例にもあったように、出会った人の記録はこまめに取ろう。連絡先の記録を取っておけば、なにか細かい情報が必要になったときなどに便利だろう。知り合った人に関してインデックスカードを作るには、「ワークシート8・2」の人脈情報カードのサンプルを参考にしよう。

Work Sheet8.2

一人脈情報カードー

人脈の一人ひとりに関してインデックスカードを作ろう。カードに記す情報は次の通り。

▼

名前 ______________________ （フリガナ： ______________ ）

住所 ______________________________________

____

____

会社・団体名 ______________________________

電話番号 __________________________________

携帯電話番号 ______________________________

FAX番号 __________________________________

メールアドレス ____________________________

連絡日 ____________________________________

お礼状送付の日付 __________________

話の内容 __________________________________

次に、人脈を広げるコツを紹介しておこう。

1. ある具体的な職種を探していることをなるべく多くの人に知らせる。職種名を述べるだけでなく、なにをしたいか、そして現在の自分にどのようなスキルがあるのかを伝えよう。その人があなたのスキルに合った仕事を紹介してくれるかもしれない。
2. サポートチームのメンバーに求職中であることを伝える。サポートチームとは、家族、コーチ、チームメート、友人、教師、その他すべて、あなたをサポートしてくれる人たちのことだ。
3. いろいろな活動に積極的に参加する。地元のコミュニティ、レクリエーション、学校などの活動を通して、サポートシステムや人脈が広がる。
4. スポーツの経験を通して、地元のグループでの講演やスポーツイベントの手伝いなどをする。主に地元での人脈が広がるだろう。
5. 大学のキャリア開発・就職サービスを利用する。自分の仕事について話をしてくれる卒業生のリストを備えた大学は少なくない。このリストはすでに情報収集面接で使ったかもしれないが、このリストで、目標とする分野の人脈を広げられれば、時間も節約でき、なにより、目標とする企業、団体の就職への近道ともなるだろう。

Highlight Box8.1

ー職種情報レポートの例ー

重要性にしたがって、次のスケールを使い点数をつけなさい。

1	2	3	4	5
重要でない		重要		きわめて重要

職種名：地域販売部の課長補助
会社名：アメリカン・スポーティング グッズ

点数		条件
1．	______	場所
2．	______	給料
3．	______	健康・保険
4．	______	休暇
5．	______	労働時間
6．	______	労働環境
7．	______	出張
8．	______	昇進のチャンス
9．	______	社員教育・開発
10.	______	大学学費プログラム
11.	______	退職プラン
12.	______	安定性
13.	______	同僚との相性
14.	______	柔軟な労働環境
15.	______	上司の質
16.	______	会社の評判
17.	______	上司の指導レベル
18.	______	社員のやる気
19.	______	達成感
20.	______	自主性重視
21.	______	自分のスキルを使えるチャンス
	______	合計

Work Sheet8.3

ー職種情報レポートー

自分のレポートを作成しなさい。例を参照して、重要な条件を自分のレポートに書きなさい。その他にも重要な条件があれば、追加しなさい。選ぶ職種は、自分にとってもっとも重要な価値観、興味、スキルに合わせることを念頭に置きなさい。

重要性にしたがって、次のスケールを使い点数をつけなさい。

1	2	3	4	5
重要でない		重要		きわめて重要

職種名：＿＿＿＿＿＿＿＿＿＿＿＿＿＿＿＿

会社名：＿＿＿＿＿＿＿＿＿＿＿＿＿＿＿＿

点数	条件
1．＿＿＿＿	場所
2．＿＿＿＿	給料
3．＿＿＿＿	健康・保険
4．＿＿＿＿	休暇
5．＿＿＿＿	労働時間
6．＿＿＿＿	労働環境
7．＿＿＿＿	出張
8．＿＿＿＿	昇進のチャンス
9．＿＿＿＿	社員教育・開発
10．＿＿＿＿	大学学費プログラム
11．＿＿＿＿	退職プラン
12．＿＿＿＿	安定性
13．＿＿＿＿	同僚との相性
14．＿＿＿＿	柔軟な労働環境
15．＿＿＿＿	上司の質
16．＿＿＿＿	会社の評判
17．＿＿＿＿	上司の指導レベル
18．＿＿＿＿	社員のやる気
19．＿＿＿＿	達成感
20．＿＿＿＿	自主性重視
21．＿＿＿＿	自分のスキルを使えるチャンス

＿＿＿＿＿＿＿＿＿＿＿＿＿＿＿＿＿＿＿＿

3　キャリア情報をまとめる

これまでのキャリア情報を体系的にまとめてみよう。人脈情報カードを保管する他、各企業、団体について調べた結果は記録しておくことを勧める。［ハイライトボックス8・1］は、「職種情報レポート」の例であり、情報の記録方法を示したものである。［ワークシート8・3］を使って、重要でない項目は削除し、また重要な項目を追加することによって、自分用の情報レポートを作ろう。

4　本章のまとめ

積極的なリサーチや人脈づくりによって、希望する仕事に就く可能性を高めることは、仕事探しにおける重要なスキルだ。スポーツに関するスキルを学んだ今、新しい競争における スキルを常に磨かなければならない。スポーツで学んだポジティブな姿勢は、仕事探しにおいて役立てられる最高のツールとなるだろう。スポーツ選手としてのこれまでの経験に自信を持ち、就職市場でもそれを活かしてほしい。

本章ではどのように仕事の可能性をつくりだし、探していくか、そしてサポートチームにどのように就職活動に参加してもらうかについて見てきた。これまでに学んださまざまなスキルを使って、積極的に仕事の可能性を探求すれば、自分にもっとも適したポジションを得る確率は、必ずや高くなるはずだ。序章で紹介したことわざを思い出そう。

「運とは、備えがチャンスに出会うこと」。

本章で学んだスキルを積極的に使えば、仕事のチャンスが訪れるだろう。

本章では次のことについて学んだ。

1. 仕事の多くは、隠れた就職市場に存在しているため、積極的な職業探求を必要とする。
2. 仕事探しをするには、改めて自分の価値観、趣味、スキルを考えた上で最適の企業、団体を探さなくてはならない。
3. 目標とする企業、団体が見つかったら、それに対しての情報レポートを書いたり、さらなる人脈づくりを行い、就職できる可能性を高める必要がある。
4. 仕事探しにおいて人脈づくりは重要なスキルである。

終章　夢の実現へ向けて

本書では、トランジションやキャリアに対するスキルを学ぶことを通して、「自分」という大切なテーマについて検討してきた。その難しい作業を終えた自分自身にまずは祝杯をあげよう。自分について理解を深め、どのような選択肢があるかがわかれば、どんな場面においても、より適切な道を選ぶことができる。序章で、「運とは、備えがチャンスに出会うこと」と述べた。本書の練習問題を終えた今、あなたにもしキャリアのチャンスが訪れたとしても、きっと、それを十分に活かせる準備ができたことだろう。

本書で学んだキャリアプランニングのスキルは、人生のさまざまな場面で利用できる。スポーツを通して学んだスキルは他の分野でも活用でき、将来、さまざまな意志決定やトランジションにおける対応に役立つだろう。現役でのスポーツ活動やスポーツ引退後の人生において、このようなスキルを使えば、自分の目標に到達し成功することができるだろう。

将来の計画を立てることに、早すぎたり遅すぎたりということはない。キャリアプランニングのスキルを学んだある選手は次のように語っている。

「スポーツをあきらめた後、社会のどこに自分の居場所を見いだすかを考えることは簡単ではなかったが、心配して助けてくれる人がいたことは救いだった。はじめは、求人広告に履歴書を送るだけしか仕事を得る方法はないと思っていた。しかし今では、本当にやりたい仕事を獲得するたくさんの方法が理解できたと感じている。スポーツに費やした時間が無駄ではなく、また次のキャリアにも使えるスキルを学んだのだと悟ることができたのは、本当に嬉しい」

本書に登場した多くのスポーツ選手と同じように、あなたにもスポーツ以外で使えるスキルはたくさんあるはずだ。自分自身について理解を深め、さまざまなリソースやサポートチームなどを有効活用すれば、どんなトランジションもスムーズに迎えることができるのである。本書を読み活用することによって、将来への計画の先取りをしたのである。ゴールに向かって努力し、夢を実現しよう。あなたの成功を祈っている。

Working Harder Isn't Working
By Bruce O'Hara

Guerilla Tactics in the Job Market
By Tom Jackson

Skills for Success: A Guide to the Top for Men and Women
By Adele Steele

大卒者向けの職業探し
Job Search Guides for College Graduates

The Berkeley Guide to Employment for New College Graduates
By James Briggs

Real World 101, What College Never Taught You About Success
By James Calano and Jeff Saltzman

Student's Guide to Finding a Superior Job
By William Cohen

Annual Guide to Career Planning, Job Search, and Work-Related Education
By College Placement Council

Peterson's Annual Guide
By Peterson's Guides

履歴書の書き方と面接スキル
Resume-Writing and Interview Skills

Perfect Resume Strategies
By Tom Jackson

Resume Kit
By Richard Beatty

Damn Good Resume Guide
By Yana Parker

How to Write Better Resumes
By Adele Lewis

Resumes That Get Jobs: How to Write Your Best Resume
Arco Publishing

High Impact Interview
By Jeff Staller

Sweaty Palms: The Neglected Art of Being Interviewed
By Anthony Medley

特別な職業情報
Specific Career Information

Careers in Science
by VGM Career Horizons

Careers in Health and Fitness
By J. Heron

VGM Opportunity Series
by VGM Career Horizons

付録 職業についてよりよく知るための文献リスト

スポーツ関連の職業
Careers in Sports

Careers for Sports Nuts and Other Athletic Types
By W. Heitzmann

Developing a Career in Sport
By Greg Cylkowski

Athlete's Game Plan for College and Career
By Howard and Stephen Figler

Career Opportunities in the Sports Industry
By S. Field

大学ガイド
College Guides

College Majors and Careers: A Resource Guide for Effective Life Planning
By P. Phifer

Guide to American Colleges
By Melissa Cass and Julia Cass-Liepmano

Peterson's Annual Guide
By Peterson's Guides

職業情報
General Occupational Information

Career Choices for the 90's
Walker Publishing

Emerging Careers: New Occupations for the Year 2000
Garrett Park Press

Careers Encyclopedia
VGM Career Horizons

The Enhanced GOE: Descriptions for the 2500 Most Important Jobs
JIST Works Inc.

自己分析と職業探し
General Self-Assessment and Job Search Guides

What Color is Your Parachute ?
By Richard Bolles

Knock 'Em Dead
By Martin Yate

Perfect Job Search
By Tom Jackson

Joy of Not Working
By Ernie Zelinski

Do What You Love, the Money Will Follow
By Marsha Sinetar

Do What You Are
By Paul Tieger

訳者あとがきにかえて

―私たちのキャリア・プランニングから―

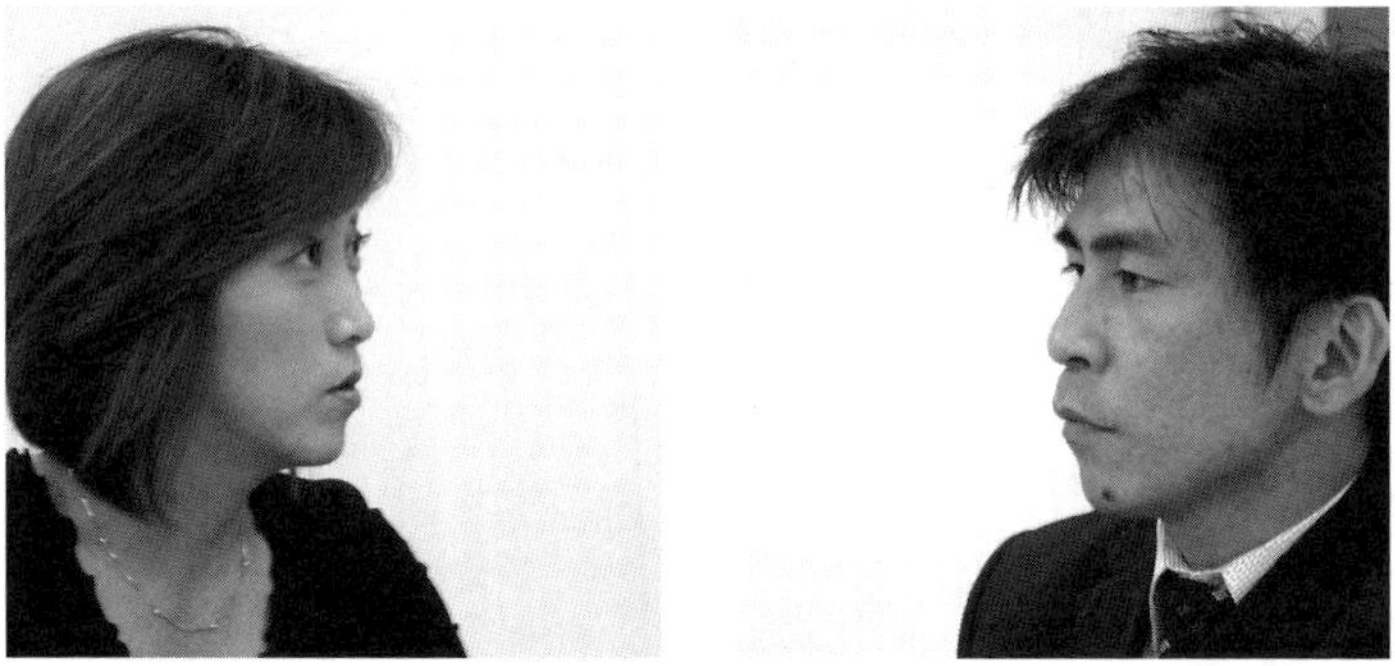

田中ウルヴェ京　　重野弘三郎

■キャリアトランジションとの出会い

重野　京さんと私は、キャリアトランジションとセカンドキャリアに興味を持ってそれぞれ勉強し、現在仕事として携わっているわけですが、そのきっかけは全然違います。まずは、そのきっかけやこれまでのいきさつを話しながら、私たちのキャリアトランジション経験を紹介したいと思います。

田中　私は一九八八年のソウルオリンピックに出場し、シンクロデュエットで銅メダルを獲得することができました。変な言い方かもしれませんが、表彰台でメダルをいただいた時、ふと「ああ、念願のオリンピックメダリストになれた。これからバラ色の人生が始まるんだ！」と思ったことを覚えています。根拠などあるはずもないのに、本当にそう思ったのです。ソウルまではメダルを取ることしか考えていなかったし、（あの頃は実際には三位か四位かという争いでしたから、銅メダルが最終目標でした）、メダルを取らなければ日本に帰れないというようなプレッシャーもありました。オリンピックでメダルを取ったら、一生すべてがＯＫだというような感覚があって、辞めた後のことなんてなにも考えていなかったんです。セカンド・キャリアという言葉も当時はなかったですから…。その後、現役選手を引退し、なんの疑問も持たずにコーチになることを決めたとき、「選手で一流になったんだから、当然コーチとしても一流のコーチになれるだろう」と自分でも誤解していたようです。しばらくはコーチ業を続けていったのですが、いろいろ問題も出てきて…。自分が選手の頃は、自分のやる気があればすべてをやれたのに、他人のやる気なんてどうやったら出せるのか非常に悩みました。そういう心理的なこともそうでしたし、技術的な部分も、自分が簡単にできた足の角度も上げられない選手にはどういう風に教えたらいいかわからなかったというのが現状でした。そのうち、自分自身について考える時間ができたとき、気がついたら、「シンクロ選手の田中」っていうものがなくなっていく不安がどんどん出始めてきた。まさに本書のセルフアイデンティティの部分ですが、自分の存在価値そのものに不安になり、心がからっぽみたいになっていることに気づきました。そこで、二十四歳のときにアメリカに留学し、心理学と出会い、スポーツ心理学を勉強して九五年に大学院を卒業して帰国しました。その後、九九年に再びアメリカに行ったときに、大学院で見たのが「キャリアトランジション＆アスレティック・リタイアメント」という講義で、その授業のタイトルを見た瞬間にドキッとしたことを昨日のことのように憶えています。「あ、もしかして、これは私にはいいかも」と。

その時の教科書の一つが本書だったのです。私自身も本書に載っているワークシートを全部やってみました。自分でやっていくうちに「自己価値観」というテストをやりながら「私は人のためになったと思ったときは喜びを感じるんだ」とかそんな当たり前のことも気づき、その反面、陰でいるよりは、やっぱり表に立ってなにか指導とかしてるときにこそやりがいを感じるんだとか、自分では直視するのがちょっと恥ずかしかったり嫌だったりしたことがあのテストで見えてきて、「でもしょうがない。これは自分なんだから、それでやりがいを感じるんだったらそれは受け止めなきゃいけない」と思うようになったのです。それまでは人にどう見られているかが気になったり、社会的ステイタスを気にしたりして、自分をだましながら本当の自分が見えないままに、自分探し、キャリア探しをしてたんです。例えば、単純に安定した収入が得られるからとか、大学にいれば楽しい勉強ができるという理由から「大学に講師として残りたい」とか思ってたんですけど、自分であの価値観テストをやってみたら、勉強も好きだけど、チャレンジする、ちょっとリスクがともなっても新しいことをするのが好きみたいだったんで、これは起業した方がいいのかなと。そういうことは本書から学びました。

ところで、重野さんはどういう経験を選手時代にされたのですか？

＊

重野　私の場合、六歳からサッカーをやってきたのですが、その中で大きな転機の一つは、父親の転勤でした。神奈川県に生まれ十二歳まで住んでいたのですが、小学校六年生の時に父親の転勤があり、大阪に行きました。大阪で入ったサッカークラブは直前の全国大会で三位に入賞しており、そのような非常に強い環境に入れたことが私のサッカー人生においてとても大きな転機でした。

田中　中学時代はどうだったんですか。

重野　当時はサッカーだけやってれば幸せだみたいな感じでしたから、なんにも考えてなかったです。ただただ一生懸命やってましたね。

田中　プロになりたいとかはありました？

重野　ありましたけど、現実とあまりにも離れすぎていて、周りもまさかプロに行けるわけないだろうと。その後、高校入ってからも三年生までレギュラー組としてはポジションがありませんでした。高校三年目でようやくポジション取って、試合に出始めてから変わってきましたね、意識が。

田中　なにが変わったんですか？

重野　高校一・二年の間、人が見ていないところで自主練習に打ち込んでいたのですが、それが三年目にしてようやく実を結び形となって表れ、すごい自信をつけたわけです。

田中　やればできるみたいな？

重野　そうです。自分でもできるんだなっていう大きな自信ができました。その頃から、サッカーで自分は行くんだっていう意識を強く持つようになりました。

田中　それは転機でしたね、まさに。

重野　そして、鹿屋体育大学へ進学し、サッカーを続けました。当時は、九州でも勝ったことがないような大学でしたが、四年続けてインカレにも出てベスト四になることができたのです。それがまた大きな自信になったのです。

田中　大学では、四年間ずっとレギュラーだったんですね。

重野　はい。その後も転機がいくつかありました。たとえば、大学で長期の休みがあるとき、ヤンマーディーゼルとかフジタ工業といった日本リーグ（当時）のチーム練習に参加させてもらっていたのです。どちらからも高評価をいただき、「大学卒業後は絶対うちに来てくれよ」って言われたのです。二年目に行ったフジタ工業からは、「もう大学辞めてすぐ来てくれってくれ」って。大学四年次にはプロに間違いなくいけると確信していましたね。

田中　二チームからどちらを選んだんですか？

重野　ヤンマーディーゼル、現在のセレッソ大阪です。当時のサッカー界では大学生が市場でしたからね。新卒の中では一番高い評価をしてもらって入ったんです。一年目に入るときにケガをしてアキレス腱を痛めて、その後焦ってトレーニングをしてさらに痛めたんです。それをひきずったままずっと練習に参加していたのですが、結局ポジション取れず、最初の年はまったく機会がないままに「これはマズイな」と思っていました。その年の契約更改のときに「君は期待を裏切ってくれた」って言われ、給料を四〇％カットされたんです。来年同じだったら、これはクビだなって自覚して、次の年は一年目に比べたら、徐々に上がってきたのですが、その年の契約更改の時に一回目の戦力外通告を言い渡されました。これまでのパフォーマンスでは当然だなと思っていたのですが、自分としてはコンディションが徐々に上がってきているのが分かっていましたから、もう一年は勝負したいと考え、富士通のトライアウトに出ました。それでOKをもらい、プロとして三年目迎え、そのシーズンの半分以上をレギュラーとして出場し「これでやっと自分が考えてたプロの世界に来たな」「ヨッシャー」なんて思ってたんです。そうしたらその年にまた「来年契約しない」と言われてしまい…。すごいショックでした。契約更改の席に着くまでは来年の給料の皮算用をして、「これくらいだったら、くれと言ってもイヤな顔されないだろう」って感覚で座っていたのですが……。

結局、その時点で自分の中でなにかが崩れていくのを悟りました。それまで自分が期限に決めていた三年目だったこととか、選手としてやってる自分を見て喜んでる人達がいたって知ったこととか、選手として成果をきちんと出していたので自信があったりだとか、一方で、すごいホッとした部分もあって「もうトレーニングで追い込まなくていいんだ」っていう思いだとかね。「あれだけストイックに生活しなくていいんだ」っていう安堵感とかがあって、そういうのが全部複雑に一気にやってきて、もうなんにも手につかなかったんです。その通告を受けてからは「どうしようかな」って考えばかりで。その時にちょうど、大学の時の先生が「大学院受けてみたら」と。「選手をやるやらないにしても決して悪いことにはならないだろうし、もしそこでもう一回選手の機会が来たら休学でもなんでもして出て行けばいいよ」と。それで大学院を受けたのが二十五歳の時でした。今振り返ると、プロとしてはそこが自分の限界だったのでしょうね。

田中　おそらく、きっと、「なにかになろう」という確固たるものがあったというよりも、「とりあえず前へ進もう」だったんでしょうね。

重野　そうですね。僕はプランを持っていてこの時を境に辞めますっていうキレイな辞め方じゃないですよね。とても後味が悪かったです。大学院行った一年目っていうのは、「自分はプロ選手だった」っていう意識がすごい強いわけですよ、まだ。たぶん人もそう見てるだろうって思ってるわけです。でも現実には大学の中にいても、誰もそう見ないわけです。後輩でさえ、教員でさえ。「プロ選手だった重野」って見方はしないわけですよ、当然。「なんなんだよ」っていう思いと、「当然じゃないか」っていう思いと、毎日出たり入ったり出たり入ったりするわけですよ。その状態で勉強なんか手につかないんですね。本当、砂かじってるような感じで。「なにしてんのかな」なんて思っては思いついたようにグラウンドで走ったりとかしていました。そうするとちょっと気が晴れるんですけど、でもまた余計悩むわけですよ。「なんで、選手でもないのにトレーニングしてんのかな」とかね。それで、一年目の夏にまたあるクラブのテストを受けに行ったんです。自分がどこまでのものか確かめるために、アポイントを取ることからすべてを一人でやってみようと思って、電話をして、まったくゼロからテストを受けて、最終まで残ったんですけど結局落ちてしまいました。帰りの道すがら、ますます落ち込みましたね。「なに?このあきらめの悪さは」って。自分がどこにいるかわからなかったんです。どこに進もうとしているのか、なにを求めているのか全然わかんなくて。「なにやってんのかな」って。

そうこうして、大学院の二年目の終わりにこれでダメだったら、選手として全部あきらめようと思って、アメリカのトライアウトに行くことにしたのです。海外に一回チャレンジしてみようと。死ぬ前に一度プレーヤーとして海外に行きたいなと。おぼえたてのメールで、百通近くメール出して、返事をくれたアメリカの小さなプロリーグのテストを受けに行くと決めて、すべて終わったときにこれで俺はすべてやったと、もしこれで選手になれなかったらキッパリと論文書こうと、思ってたらまた契約できることになって、アメリカに行ったわけですよ。

アメリカに行っている間は、研究のことはスッパ

リ忘れてましたけど、向こうで出会ったアメリカ人に非常にいろんな人がいて、向こうはシーズン制でプロをやってますから、「このシーズン終わったら会社に戻るんだ」とか「教員に戻って、学校の先生やるんだ」とか「大学院に行ってるから、マスターコースで勉強する」とか、いろんな人がプロ選手やってるわけです。僕はずっと振り返ってサッカーしかしてこなかったなと思ったときに「こういう生き方もあるんだな」って知ったんです。アメリカにいながら、日本のことを考えたし、自分のことを考えもしました。自分が知らなかった部分をたくさん知る機会を持てて、それが帰国後論文を書く大きな動機付けになったわけです。他の人がどういう状況なのかとても知りたいと思ったんです。自分と同じような考えを他の人はしてるんだろうか？　例えば成功したと言われてる人たちと、自分のようにあんまり成功しなかった人たち、全然成功してない人たちはそれぞれどう考えてるのかっていうのはすごい興味があったんです。

それを研究でやるということになり、研究でさえもすごい楽しく思えてきたのです。それこそサッカーで言ったら今は解説者としても有名な奥寺康彦さんみたいなスーパースターから、二年くらいでダメになった高卒の選手までひと通り、二〇人から話を聞くことができ、「すごいおもしろいな」と思って。「みんなそれぞれ考えてるんだな」と思ったのを憶えています。

当時は、キャリアトランジションって言葉を知らなかったので、リタイアメントとかという言葉を使って引退に関わる研究文献をたくさん読んでいました。その中で、「トランジション」という非常に前向きなとらえ方をしてる論文と出会って、リタイアメントいう部分の領域を自分のライフワークにしたいという意識がすごく強くなりましたそれが、現在の仕事のベースになっているのだと思います。

■選手生活が人生の一部だと考えれば、キャリアプランニングはいらない

重野　日本人アスリートの場合は、例えば大学に行くとか、高校に行くとか、結婚するとか人生にはいろいろな部屋があるのに、アスリートという一つの部屋（選手生活）に入り込んでしまうことが多いように思います。その一つの部屋に入り込んでしまって、なかなか出てこれず、ようやく出てきた時に他の部屋をみて、「あれっこんなに部屋があったのか」っていうことに気づく。気づく人はまだいい方で、気づかない人はずっとそこにいるようなイメージがあります。

田中　一つのことに専心するのは日本人の美徳のようなものなんですよね。でも欧米ではたとえ専心してても違うこともやりなよっていう人が多いですよね。一つのことを極めながらも、違うことを極めてたりします。例えば、日本人は「What are you?」と言われた時に、「I am a lawyer」なのか「I am a doctor」なのか決めなければいけない。例えば、柔道選手でもあり、歯医者でもあり、ピアニストでもあるなんて人は、欧米ならば決して珍しくない。私は夫の母国フランスで、「シンクロ以外であなたはなにをやっていたの？」って聞かれ、「え？シンクロしかしてなかったの？」って見下されたことがあります。その時に日本でなら、「シンクロだけをやり続けるなんてすばらしいですね。尊敬します」って言われることも多いだろうに、「シンクロだけしかやってなかったの？ばかじゃないの」って言われた時にハッとさせられました。シンクロの世界ソロチャンピオンのビルジニー・デデューというフランス人がいるのですが、シンクロの選手だけと思われるのが嫌だから、建築の勉強をしたりとか絵を描

いたりとか、シンクロは自分のアーティスティックパフォーマンスの一つだと言うわけです。それで世界を極められても困っちゃうんだけどね（笑）。

いろんなものの一つにスポーツがあるという感覚があれば、キャリアプランニングと仰々しく言わなくてもいいのです。キャリアプランニングの一番の要旨である、セルフアイデンティティが「選手」だけになっている人の方が激しく落ち込むし、一方で選手以外の自分を持っていれば、戦力外通告を受けても、ショックを少しは和らげることができると思います。

重野　僕も「サッカー選手じゃなくなるんだよ」と言われた時、何人かにお話しして、その時すごい自分がほっとした一言というのは、「別にサッカー選手じゃなくても、お前はお前だから」「お前がお前でなくなるわけじゃないんだから、いろいろなことをやってみればいいいんじゃないの」と言ってくれた人がいたんですよ。それはすごくほっとして、それを忘れてたなって気づかせてくれました。

田中　私がアメリカに留学した直後には、選手じゃないことに焦っていたのに、「心配しないで、私はあなたが選手だった頃のことは知らないから、今のあなたしか知らないし、あなたはあなただから」と同じようなことを言われて、心からホッとしたのを覚えています。当たり前のことなのに、その時は嬉しくてドキドキしましたね。

重野　それだけ一つの部屋に入り込んじゃっていたんですね。

田中　まさにそうでした。同様のことをトランジションのなかで経験したという元選手は少なくないですよね。自分からこの競技をとったらってどうなってしまうの…という不安に駆られるようです。自分の人生のなかに他のポジションがあったら全然状況が違いますよね。とはいっても、最近相談にくる引退後すぐの選手の方々のなかには、「外見的」には、すでに立派な「セカンドキャリア」を歩み始めているようなのに、「今の仕事をしている自分は自分ではない」と悩んでいる選手がいらっしゃいますね…。

■セカンドキャリアの定義づけ

田中　実はセカンド・キャリアという言葉、私はあまり好きじゃなくて…。こういう教育プログラムは、引退後のキャリアを探すプログラムなのかと思われてしまうこともあるのですが、それだけではないのです。

だから、私は「キャリアトランジション」という言葉が好きなんです。中学から高校に移る時も、自分の役目というのがトランジションしているから、中学生という役目から高校生という役目に変わるから。「ロール」って本文にもあるじゃないですか、自分のロールを組み立てていく。あれと同じで、たとえば中学校の時は、私は家族のなかでは「次女」で、学校では「水泳部員」で…などというロールを持っている人が、高校になると家族での次女というロールは変わらないけれど、部活動をやめたとか、そのかわりに学外での活動が増えたとか、あるいは中学校の時にはピアノを習っていたけれども高校では習っていないとか、自分のロールが変わることでトランジションはしているし、その中で、いわゆる一つひとつの転機の時に自分を構成していくきっかけとなるものがこの「キャリアトランジションプログラム」だと思うのです。その意味では、キャリアプランニングとしてもキャリアトランジションでも、中学生ぐらいから六十～七十歳くらいで退職するまでの幅広い範囲で、その都度自分を構築・向上させるプログラムという感じがしています。

重野　私もキャリアというのはずっと死ぬまで続いているものだと思うんです。セカンド・キャリアというと、1回終わってその次という捉え方がほとんどで、その終わり方が、スポーツ選手だったら怪我だとか、年齢だったり能力だったりするんですが、一回終わったという扱いをするんですよ。で、その状況がどういう印象かというとやはり仕事で定年を迎える人も、リタイアした後のセカンド・キャリアという言い方をするし、アスリートも二十五歳で終わってもセカンド・キャリアという言い方をする。それはちょっと違うんじゃないかなという違和感がすごくあったんですね。セカンド・キャリアという使い方だとそういう違和感があって、ずっと続くキャリアの中の出来事にすぎないんだなという捉え方をしたいわけです。

　本書に出てきますが、年齢とか立場によって役割が変わって、自分の見られ方だとか、付き合っていく人が変わるというのが、中に含まれているということですから、それは独立してはいないと思うんです。ずっと一人の人が年齢を重ねて役割を変えて生きていく中で起こる転換期だったり、出会いであったり、別れであったり、そういうことと同じ扱いなんだろうなっていう認識なんです。

田中　それと、「引退」という言い方をされると少し抵抗があります。プロアマ関係なく、「日々のなかで、ある一競技にかける時間数が圧倒的に多い」という意味での「プロ」としての選手活動そのもの

には「引退」と表現されるとしても、「その競技の愛好者」としては活動をしていてもいいわけだから、現役を引退するっていう言葉は、その線引きが難しいですよね。プロ選手は、その競技で稼ぎがなくなれば、引退と表現するのか。では、その稼ぎとは、いくら以上のことを言うのか…など。アマチュア選手はなおさらですよね。たとえば私も、今でもシンクロをやっているわけだから。その「やっている質の濃さ」は極端に薄れたとは思いますが。でも、でもその濃さがどんなものであろうと、今でも「シンクロの田中」という存在は身体の中に続いているのに、その認知が難しい。薄くなっていくことが恐かったりするんですよね。本当は永遠に濃さに関係なく続いているのに。

重野　それを気づいたのは後からですけどね。選手の時には全然気づかないですよ。この本との出会いもそうですが、引退してこの仕事に就いていろいろな人にお会いして、自分の経験を顧みた時に、ずっと続いていることなんだなと後から気づいたんですね。

■自分探しのためのキャリアトランジションプログラム

田中　セカンド・キャリアという言葉が一人歩きしてしまって、引退した後の経済面の支援だとか就職活動とかだけなのかと思われてしまっているようで。それも当然大事ですが、それとトランジションに対する教育とはまったく根本が違いますよね。

重野　そうですね。経済面の支援だけだと考えられてしまうと、まったくの対症療法になってしまうんですよね。引退後にまったく違う世界に行かなければいけないんだという考え方になってしまっているんです。いずれプレーヤーではなくなる時が来るんだから、そういうことをちゃんと理解して現役時代を過ごしてほしいと思い、活動しているのですが、その思いと、現実の捉えられ方とのギャップがあるように思います。

田中　今、トップの人たちというのはジュニアのころからそういう教育を受けてきたわけではないので、突然、引退後の話をすると、拒否反応が出るんですよね。そこでは、今突然引退を考えろと言っているのではなくて、現役選手の自分というもの以外にもまさに自分の人生を分けて考えるという習慣づけをしておくと、試合に負けてもそこで落ち込まずに、次のプラスにつなげていくような転換もできるし。あるいは本当の辞める時のことを見据えて、そこまでは集中してやってみようとか、考え方を変えることで、今現役時代でも勝ちにつなげられる考え方なんですよということをまず紹介して、将来的には、ジュニアのころから一つのことに没入するのではなく、キャリアトランジションという目を持ちながらバランスのとれた専心性をもってスポーツをすることは可能ですよということを伝えていきたいですね。

重野　現役当時は気づいていないですよ。選手であることがすべてだと思っている。ちょっと違うことをすると余計なことをするんじゃないっていう話になるんです。もちろん、ひとつのことだけに専心してきたから今があると考えることも理解はできます。

田中　ただ逆説的な言い方になってしまうけれど、ストイックにすることが美徳だとは自分でも思うから、選手やコーチの気持ちも十二分にわかるんですけどね。選手だった時もコーチだった時も、自分はそうだったんですから。（笑）ストイックにしていた方が、極限までの「異常者」になりきれるから。そもそも人間、本当に極限になりきらないと、そんな究極の限界にまで挑戦できないですからね。だから、後のことを考えないでメダルとったら死ぬことができるのであれば、最高に楽なんだろうけど、人生は長いから。人生が長いということをオリンピック選手はあまり考えない。ある特定の時期は、考えなくてもいいのだけど、でも、そういうストイックさには、メンタルコントロールできるバランス感覚が必要になる。選手を終えての人生はとてもとても長いからこそ、人間の深さ、せめて器だけは現役時代に作っておかないと、という自分に対しての反省があります。

重野　選手になれる人というのは、ごく限られた人だと思うんですよ。ですから、その人たちにあまり不安を持って競技をしてもらいたくないんです。でも一方では、引退したらそういう状況を迎えるというのをわかった上で選手をしてもらいたい。そこが一つのポイントだとすると、選手はもっと考えた方がいいし、選手が考えられるように回りがサポートしていく必要があると強く思います。

田中　考えるということは重要ですよね。まあ、考えなくてすむのはラク。でもそうしたら自分の人生じゃなくなる。日本の選手には、コーチにこう言われたからと、まかせっきりで、過保護と言えば過保護で、それでいいこともあるんでしょうけど…。でも考えないでやっていると後できっと後悔すると思うんです。

重野　キャリアトランジションという言葉の意味を理解し、アスリートの人たちが具体的になにをどう考えてどうすればよいのか、本書の内容をそのツールとして活かしてもらえればいいと思うんです。

田中　なにかしなければならないんだけど、どこからはじめたらよいのかがわからない選手はいると思うんで、そういう人がなにかのきっかけにはなりますものね。

本書の第五章では自分探しを扱っていますけれど、自分探しがそのうちキャリア探し（第6章）になっていくわけですからね。自分探しのところから始めてもいいと思います。それを現役時代にやっておくと、客観的に自分の得手不得手がわかると思います。それこそシンクロの選手だったら、やっぱり私は人に魅せるのは好きだけど、コツコツやるのは苦手だと。それじゃあ、コツコツやらなければいけないなってなれますものね。

重野　状況を俯瞰して見れるようになると、いいですね。いろいろな状況の中でその都度判断して動くというのは、スポーツ選手はみな長けてますからね。

田中　スポーツ選手がふだん行っている集中の高め方や目標設定の仕方、あるいはリラクセーションのためのルーティンというものはみな、ビジネスにも使えますよって書いてあるのを読んだ時にはホッとしました。社会人でも使えるスキルなわけです。これまでシンクロ以外では絶対に使えないスキルだと思っていたんですよ。でも、気がついたら社会人になっても使えるスキル、「ライフスキル」と言いま

すが、それらをたくさん身に付けていたんだと気づき、それがすごく励みになりました。

■現役選手やコーチ、そのご家族へのお願い

田中　まず、スポーツをする中・高校生には、自分の反省からも、勉強をちゃんとしてほしいなと思っています。部活動やクラブの練習は大変だけど、中学生や高校生の時ほど、教えてもらえることはないですから、今は大事だということがわからなくても、勉強する時期というのはこの時期しかないと思って頑張ってほしいです。それこそ、重野さんと定例でおこなっている「キャリアトランジション勉強会」でも、トランジションに成功されている元選手の皆さんは、やはり集中力を持って勉強をされてましたよね。勉強をしなくても、スポーツで大成できれば…というのは、もはや違うのではないでしょうか。とりあえずいろんなことをやってほしいと願っています。

重野　私もそう思います。最近になって答えが徐々に見えてきたんですが、大人になっていろいろな場面に出会った時に、ベースがないと化学反応が起きないわけです。気づきがない。だから、それがわかった時に、サッカーも同じだなと思ったんですよ。社会に出た時に、サッカーだけをやっていたのでは化学反応が起きないんです。サッカーができて他のなにかも知っている、そういう時にいろいろな気づきが出てきて新しい発見とかが出てくるわけですよね。

田中　化学反応のためのベースですね。

重野　僕自身は数学があまり得意ではなかったのですが、今では数学をもう一回やりたいと思っています。「このときにこうなるでしょう」っていうのは、学校の数学で学んできたような数式が話のベースになっていると思うんです。

田中　でもそうですよね。

重野　勉強に専心する、スポーツに専心する、行うことはそれぞれ違っていても、ひとつのことに没頭することは同じだと思います。そのことが軸を作るきっかけにもなりますが、違うことにも目を向けて興味を持ってみることを勧めたい。特にベースが築かれる時期だからこそ、中・高校生の場合は支えている大人に理解していただきたいし、コーチや監督はもちろんのこと、ご両親がそういうことにちゃんと理解があって、勉強する機会やスポーツする機会を提供してあげるようになってほしいと思います。また子どもは、狭い世界でしか大人を見れないから、いろいろな大人に会える機会を増やしてあげ、見て、聞いて、いろいろな可能性があることを知ってほしいと思っています。

それと、本書を読めば読むほど、コーチってすごい、まだまだできる仕事があるなって思いましたよ。アスリート、プレーヤーは実際ここまで気が回らないですよね。ディレクションしてくれる人がそういうことをポイントポイントで言ってくれると、すごくありがたい。

田中　コーチに言ってもらえると、選手はすっと入ってきますよね。

重野　それはこういうことなんだと言い換えてあげると、本当にいいですよ。

田中　私は留学時代に本書を読んで、悩んでいるのは自分一人じゃないということに気づいたんですよ。この悩みは自分だけじゃないと。読んでいて、そうそうそうなのと共感するんですよ。一流選手なら誰でもこんな風に思いますって書いてあるのは大きいですよね。なにに悩んでいるのかわからないけど、悶々としている子っていうのはいると思うんですよ。コーチがそんなもんお前一人じゃないって言ってくれたらありがたいですしね。だから、コーチの役割って本当に大きいと思います。

重野　そうですね。それから、日常行われているスポーツの現場では、回数と時間の問題があります。他のことが手に付かないほどの練習回数と時間を消化しているケースが多いと思います。この問題については自分がプレーヤーであったころはそれほど気にしていませんでしたが、週何回、何時間行うことがその競技とその人にとって良いのか、コーチが理解してプレーヤーに伝えることは大切だと感じます。回数と時間に縛られたようになると自ら考える作業が少なくなり「やらされ感」に満たされてしまいます。特に中学・高校時代にそうした環境に身をおいている人が、時間を自分でデザインすることを必要とされる大学生になり自分でコントロールできずに横道に逸れてしまうケースをたくさんみてきましたね。

田中　自分で決めたことがないから仕方がないのかもしれないけれど。だから、最近思うんですが、ちょっと難しいかもしれないけど、本書の内容を中・高校でやってみてもいいと思うんです。例えば大学を選ぶ時にだって使えるんですからね。

重野　プロ選手になんでなりたいのかと中学生に問いかけてみることから始めてもいいんです。結構早いうちに、自分に対して問いかけができるかできないかで、その後が違ってくると思うんです。

■壊しても壊れないものを私たちはもっている

田中　私は最近、年齢とか自分の役割とかにこだわらないようにしています。例えば、女性という役割とか、主婦とはこうあるべきとか、会社の経営者ならこうあるべきとか、あるじゃないですか。でも、私自身、当然、そのある「べき」姿になりきれない部分もたくさんあるわけです。三十代だからこうなっているべきとか四十近くなったらもっと落ちついていなくちゃいけないとか、勝手に自分が思っている常識みたいのがあるけれど、そんな常識って、まったく独りよがりなものです。「ソーシャルクロックに影響されるな」という言葉をよくアメリカで言われましたが、「社会での常識といわれているものに影響されて、○歳になったらこうあるべき、と枠決めをしすぎるな」と。そもそもその枠は世界に出たら全然違うんですよね。社会への協調は当然必要だけれど、これが一番自分ぽいっていうコアは大事にしなければいけないと思います。

重野　アスリートで社会人になるまでやっている人って全体からみると少ないと思うんですよ。その人達はある意味犠牲にしていることもたくさんあって、競技ができなくなったときに初めて現実を知るケースもたくさんあるんですけど、結果的にそうであっても、そこからまた新しい自分を獲得するために、自分を壊すことを恐れないで欲しいと思います。例えば、三十五歳で引退を迎える選手が三十五歳になるまでに築き上げてきた選手としての存在感とか、プライドとか、実績を、そのままの状態で次へ進もうとするケースがあります。でも本当に自分がやりたいことを犠牲にしてきたことがあるとするならば、その実績を全部壊してまで、自分が本当にやりたいことを探すという作業をそこからしても決して遅くないという気がしているのです。習熟度別じゃないですけど、できないことも確かめてステップを踏めばちゃんとできるようになるんだっていうことをスポーツを通じて体験しているはずですから。そういう部分に立ち返ってくれればいいんじゃないかと思うんです。私の場合は、崩さざるを得なかったのですが。それで悩み苦しみましたけど、壊してみるとたいしたことないんだなあ、と思えますし、すごい楽になる部分があります。

田中　私も、その「壊す」っていうことを自分で怖くてできなかったんです。とても大事な宝物だと思っていたシンクロでの経歴が、社会に入ると、たんに過去の栄光であって、別にオリンピックのメダリストなんて、全然たいしたことではないと、今のビジネスパートナーに言われたんです。ある人から見れば全然価値のないものだから、そんなもの捨ててしまえばいいよ、って言われたときに初めて、「あ、そうか。捨ててもいいんだっけ」って思い始めたんですよ。そのとき怖かったですけど、自分のなかで壊しました。でもそうできると、逆の見方でシンクロをみることができるようになったんです。全然違う目で見れますもの。とても勇気がいりましたけどね。

重野　人によって感覚が違うんですけど、そこまでくると大分見方が変わってきますよね。今までは片側からしか見ていなかったんだけど、ぐっと広げて、今まで全然関係ないと思っていた情報まで入れるようになって、あ、面白いね、なんて感覚が出てくるわけですよ。その領域までいくと面白いんだろうな。だから決してそれまで積み上げてきたことは壊しても壊れないんだと思うんです。自分は自分なんだからね。

田中　そうなんですよね、じつは壊しても壊れないの。壊しちゃったのに壊れてないんですよ。それは後で気がつきますよね。壊しちゃったときはすごく怖いんですけど、壊れてないんですよね。それなのに、昔の栄光という服をがんじがらめに着て、きちっとしているんだけど、この服じゃなくていいんだよ、新しいのもありなんだって思いがあってからは楽ですよね、とても分かります。

重野　そこでしょうね、まさに当事者でやってきた人たちでしか共感できない部分ですよね。

私たちは、やっぱりそういう状況なんだっていうのを、これからの人たちに分かってもらいたいです。

現在Jリーグの選手に対して、「セカンド・キャリアって別に引退して終わりって訳じゃない」と、「自分の中にさまざまな引き出しを作っておくだけでも全然違うんだから」っていうことを伝えています。なんだか「セカンド・キャリア＝引退、終わりを迎える、終焉案内人」みたいな感じで遠ざけられてきましたからね。少しでもそういう誤解が解けて、キャリアについてスポーツ選手はもちろんのこと、コーチや指導者、そして一番身近にいるご両親が一緒にキャリアについて語り合える時代が来るように私たちもできるだけのことはしていきたいと思っています。

田中　そうですね。そもそも選手のキャリアトランジション問題は、決して、スポーツ選手だけの問題ではない。スポーツで起きていることは、社会で起きている様々な問題の縮図に過ぎないと思っています。若者のフリーター、ニート問題は、まさにセルフアイデンティティや、目標設定、自己価値観の見直しが必要となる問題です。同様に、退職者のためのセカンドライフ構築は、選手のそれとさほど変わりません。様々な人生の節目の方々にはぜひ参考にしていただければとも思っています。そして、選手の皆さんには、自分の人生だからこそ、自分でプロアクティブに構築していただき、その経緯のなかで、ぜひ死に物狂いで練習して極限に挑戦し、勝負していただきたい。その極限を選手時代には存分味わっていただきたい。常に長い人生のスパンでバランスを大事にできれば最高ですよね。それができなくて悶々とするのは悲しいですから…。

田中・重野　本書を最後までお読みいただき、ありがとうございました。

[訳者紹介]

田中ウルヴェ京

1988年ソウルオリンピックシンクロ・デュエット銅メダリスト。1995年米国セントメリーズ大学院体育学修士課程修了。1999年米国アーゴジー大学院にて認知行動療法，2000年米国サンディエゴ大学院にてアスレティックリタイヤメントを学ぶ。現在，日本大学医学部講師，JOCセカンドキャリアプロジェクトメンバー。(有)ＭＪコンテスにてプロスポーツ選手から広く一般にメンタルトレーニングを行う。講演，企業研修多数。『ストレスに負けない技術』（日本実業出版社）ほか著書，訳書多数。

ＭＪコンテス　http://www.mjcomtesse.com

重野弘三郎

滝川第二高校－鹿屋体育大学－同大学院修了。(社)日本プロサッカーリーグ(Ｊリーグ)キャリアサポートセンター専任スタッフ。プロサッカー選手として，セレッソ大阪，富士通川崎(現J1川崎フロンターレ)でプレーする。引退後、サッカー選手のセカンドキャリア到達プロセスについて研究。2002年より現職。

Ｊリーグキャリアサポートセンター　http://www.j-league.or.jp/csc/

スポーツ選手《せんしゅ》のためのキャリアプランニング

NDC366　320p　19cm

初版第1刷――2005年10月1日

著　者――A.プティパ/D.シャンペーン/J.チャルトラン/S.デニッシュ/S.マーフィー

訳者代表――田中《たなか》ウルヴェ京《みやこ》／重野《しげの》弘三郎《こうざぶろう》

発行者――鈴木一行

発行所――株式会社大修館書店

〒101-8466 東京都千代田区神田錦町3-24

電話 03-3295-6231(販売部)　03-3294-2358(編集部)

振替 00190-7-40504

[出版情報] http://www.taishukan.co.jp

http://www.taishukan-sport.jp（スポーツ）

装丁者――大久保 浩

印刷所――広研印刷

製本所――司製本

ISBN4-469-26582-9　Printed in Japan